Wildfrüchte und Pilze in der Küche

Erna Horn

Sammeln und Zubereiten
nach alten und neuen Rezepten

BLV Verlagsgesellschaft
München Bern Wien

CIP-Kurztitelaufnahme der Deutschen Bibliothek

Horn, Erna:
Wildfrüchte und Pilze in der Küche: Sammeln und
Zubereiten nach alten u. neuen Rezepten / Erna Horn. –
München, Bern, Wien: BLV Verlagsgesellschaft, 1979.
  ISBN 3-405-12013-6

ISBN 3-405-12013-6

Titelfoto: C. P. Fischer, Baldham
alle übrigen Fotos: Studio Teubner, Füssen
Layout: Rudolf F. Rieger, München
Zeichnungen: Hermut Geipel, München

Gesamtherstellung: Ludwig Auer, Donauwörth
Printed in Germany

Inhalt

Vorwort

Je mehr die Wellen der Zivilisation über uns zusammenschlagen, desto mehr Sehnsucht bekommen wir nach einem Restchen Natur, nach Unverfälschtem, nach einem Zipfel Stille, Echtheit und Waldluft. Aber dies alles wird uns heute nicht mehr geschenkt; der Weg zurück ist länger und beschwerlicher, die Stille weniger, die Gabe kleiner geworden. Raubbau, Unverständnis, Abgase und Gifte, Lärm und Müll sind tief eingedrungen und man muß schon weit laufen, um das zu finden, was einst vor der Haustüre lag: Feld und Rain, Wiese und Bach, Waldrand und Einsamkeit. Ein wenig weiter, ein wenig tiefer, ein wenig aufmerksamer, ein wenig kenntnisreicher – und schon öffnet sich vor uns das Zauberland der Natur. Wir müsses es aber behutsam betreten und andächtig genießen, die Gaben dankbar empfangen und genügsam ernten. Dann hat dieses Buch Sinn und Aufgabe! Es will Freude, Kenntnisse, selten gewordene Genüsse und Erleben schenken und überdies Wege weisen, wie man all die Schätze der Natur verwerten kann.

Es handelt sich dabei in der Hauptsache um ideelle Werte, denn 1 kg Schlehen oder eine Hand voll Nüsse, Weihnachtsgrün oder ein Eimerchen voll Erdbeeren sind ja wirtschaftlich nicht der Rede wert. Aber sie befriedigen den uralt uns eingeborenen Sammeltrieb und machen Freude, die gar nicht umzurechnen ist. Der Mensch hat seit jeher gerne eingeheimst, Sammelgut also ins Heim, ins Nest, in den Bau, ins Haus getragen.

Blumen oder Herbstblätter, Haselstöckchen oder Wacholderbeeren. Was sie Gewinn erbringen? Freude, ererbten Eifer, Naturgenuß und als neuen Lohn neuer Mühe ein Glas Gelee, einen Saft, ein goldenes Adventskränzel, einen hilfreichen Bauchwehtee. Ist das nicht viel? Denn obendrein geschenkt wird uns der Duft des Waldes, seine Schönheit, ein stiller Weg, ein saftig-grüner Bachrand, ein früher Vogelruf, ein Netz voll Schätze.

Darum ist es eigentlich unwägbar, was uns und insbesondere Kindern die Kenntnis von Wald und Flur schenkt und was sie ihnen mitgibt ins Leben.

Die Anweisungen sind keine Spar- oder gar Hungerleider-Rezepte aus Notzeiten, sondern zum großen Teil sogar solche mit Pfiff, wenn nicht gar mit Luxus. Jedenfalls sind es solche, die man zumeist nicht fertig kaufen kann und die deshalb einen besonderen kulinarischen Reiz versprechen.

So vermittelt das Sammeln von Wildgewachsenem nicht nur Freude und Freizeitspaß, sondern auch Genüsse!

Zum Gebrauch des Buches

Abkürzungen		Mengen
EL	Eßlöffel	1 Glas – ca. 1½ dl (Deziliter)
TL	Teelöffel	1 Tasse – ca. 2½ dl ($\frac{1}{8}$ l)
KL	Kaffeelöffel	1 Schale – ca. 200–300 g
Msp	Messerspitze	Die Mengenangabe »Schale« wurde
P	Päckchen, Packung	gewählt, weil man beim Sammeln
	(handelsübliche Menge)	nicht immer volles Gewicht zusam-
l	Liter	menbringt. Wo es auf genaues Ge-
g	Gramm	wicht ankommt, ist die Menge stets
kg	Kilogramm	in g oder kg angegeben.

Pflanzennamen

Für die Überschriften gewählt wurde jeweils der gebräuchliche deutsche
Name. Darunter ist die botanische Bezeichnung angegeben und andere
Namen, unter denen die Pflanze bekannt ist. Alle diese Bezeichnungen
finden sich auch im Register.

Kapitelaufbau

Jedes Kapitel beginnt mit einem kurzen einführenden Text zur allgemeinen
Information. Danach sind die Pflanzen in alphabetischer Reihenfolge aufgeführt und beschrieben.
Im ersten Teil des Buches folgen die speziell zu einer Pflanze gehörenden
Rezepte unmittelbar nach der Beschreibung.
Im zweiten Teil des Buches, ab dem Kapitel »Wildsalate und Wildgemüse«
sind die Rezepte von der Pflanzenbeschreibung getrennt und nach ihr
gesammelt aufgeführt. Hier handelt es sich um vielfältig anwendbare
Grundrezepte. Darüber hinausgehende spezielle Zubereitungsarten für bestimmte Pflanzen schließen sich an. Bei jeder Pflanze wird unter »Verwertung« auf passende Rezepte verwiesen.

Wildfrüchte von Baum und Strauch

Mutter Natur ist freigebig. Überall bietet sie ihren reichen Früchtekorb an, aber wir haben es zumeist verlernt, ihre Gaben zu erkennen, richtig zu sammeln und genußvoll zu verwerten. Uns sind im Lauf der Zeit so manche, eigentlich uninteressanten Exoten mehr ans Herz gewachsen, als das Wildgewachsene unserer Heimat. Gerade jetzt aber, wo das Wandern wieder Mittelpunkt der Erholung wird, wo Wälder mehr zu gelten beginnen als überfüllte Strände, wo das Rasen über Autobahnen von besinnlicheren Campingfreuden abgelöst wird, da sind Kenntnisse in ganz simpler Naturkunde mit ihren kulinarischen Schätzen gerade recht, um der Freude an Wald und Flur auch noch einen realen und genüßlichen Hintergrund zu geben. Man muß nur seine Augen auf niedere und höhere Sträucher und Bäume zu richten lernen, ein Körbchen oder Töpfchen dabei haben und kann dann ernten, ernten, ernten.

Und wie die Früchte aussehen, was sie bieten, wie man sie am besten verwertet, das ist alles ganz genau im Folgenden zu finden.

Die Früchte mit den zugehörigen speziellen Rezepten sind in alphabetischer Reihenfolge aufgeführt. Allgemein gültige Grundrezepte für die Verwertung von Wildfrüchten stehen am Ende dieses Kapitels ab Seite 93.

Krumpelzucker

Der in den folgenden Rezepten mehrfach erwähnte Krumpelzucker ist vorgekochter Zucker. Man verwendet besten Kristall- oder Einmachzucker in der angegebenen Menge und gießt nur soviel Wasser (1 Tasse) daran, daß er sich beim Kochen lösen kann. Bald zeigt der Zucker dicke weiße Blasen. Er wird trocken und krumpelig, bröselig und muß nun sofort mit dem vorbereiteten Fruchtbrei aufgegossen und unter Umrühren glatt verkocht werden. Der Zucker darf, sobald er abtrocknet, nicht mehr an der Hitze stehen bleiben, sonst schmilzt er und wird zuerst gelb, dann braun, dann dunkel und bitter.

Dieser Krumpelzucker saugt viel Fruchtsaft auf und läßt die damit verkochten Marmeladen rascher dick und steif werden.

Berberitze

Berberis vulgaris

Essigbeere, Essigdorn,
Sauerdorn, Dreidorn

Kennzeichen
Der Strauch mit seinen rutenförmigen Ästen wird bis zu 3 m hoch. Seine gelben Blüten, wie auch sein ebenfalls gelbes Holz riechen stark herbsüß. Der im Holz enthaltene Farbstoff wurde früher zum Färben von Leder verwendet. Die eiförmigen Blätter wachsen an kurzen Stielen in Büscheln. An den Langtrieben sitzen – meist dreiteilige – Dornen (Dreidorn). Die scharlachroten, länglichen und kernreichen Beeren sind sehr sauer (Sauerdorn); sie enthalten wertvolle Äpfel- und Zitronensäure.

Berberitzen-Saft

1 kg Berberitzen
350–500 g Zucker

Die abgeperlten, reifen Beeren werden entweder mit Wasser bedeckt, gut durchgekocht und dann ohne viel Druck durch ein feinmaschiges Sieb (Plastik) oder ein Tuch abgetropft oder im Dampfentsafter, mit etwa 100 g Zucker durchstreut, entsaftet oder sofort mit dem Restzucker verrührt. Man kann den Zucker teilweise auch durch Süßmittel (Assugrin) ersetzen. Der kurz nochmals verrührte und knapp bis zum Kochen erhitzte Saft wird in vorgehitzte Flaschen gefüllt, die sofort verschlossen werden. Berberitzensaft verfeinert Tee, Punsch, Obstsalate, Wildsoßen und langweilig schmeckende Marmelademassen; zudem färbt er schön rot. In kleinen Mengen frischgepreßter, noch besser geschleuderter Berberitzensaft läßt sich wie Zitronensaft für Getränke, Limonaden, Obstspeisen, für Mayonnaise, pikante Soßen, Rohkost usw. verwenden. Er hält sich, kühl gestellt, 2–3 Tage. Man kann ihn auch in kleinen Gläsern 30 Minuten bei 80° C sterilisieren oder, in Plastiksäckchen oder in die Eiswürfellade gegossen, einfrieren. Die herausgenommenen Würfel hüllt man in Alufolie.

Berberitzen-Sirup

1 l Berberitzensaft
1 kg Zucker

Der durch Auskochen und Abtropfen der Beeren oder durch Dampfentsaften gewonnene Saft wird mit dem nach dem Rezept Seite 9 vorbereiteten Krumpelzucker so lange gekocht, bis die Masse sirupartig, also ölig-dick ist. Der Sirup wird in kleine Flaschen gefüllt und gut verkorkt; er braucht nicht sterilisiert zu werden, da ihn der hohe Zuckergehalt konserviert. Man verwendet ihn als Zusatz in Limonaden und Cocktails oder gießt ihn löffelweise über Süß- und Mehlspeisen, Eis, Obstsalate und dergleichen. Er schmeckt sehr pikant!

Feldraine, Waldränder, Gärten. Da die Berberitze Überträgerin des Getreiderostes, einer gefürchteten Pilzkrankheit, ist, wurde sie in der Nähe von Getreidefeldern meist ausgerottet.

Erntezeit
Spätherbst, am besten nach Eintritt des Frostes, der die Säure mildert. Es ist zweckmäßig, die Beeren erst zuhause von den traubenförmigen Ästchen abzunehmen, da sie, einzeln gepflückt, leicht zerdrückt werden und aussaften.

Verwertung
Die Beeren kann man nur unter Zugabe von reichlich Zucker zu Gelee, Saft und Wein verwenden. Sie ergeben infolge ihres hohen Fruchtsäuregehaltes auch einen sehr guten Essig- oder Zitrone-Ersatz.

Gletschermilch

1 Glas Milch
¹/₂ Tasse Berberitzen-, Sanddorn-, Preiselbeer- oder sonst ein beliebiges Fruchtmark
1 TL Honig
2–3 Eiswürfel
¹/₂ Tasse Schlagrahm

Milch, Fruchtmark, Honig und 2–3 Eiswürfel werden im elektrischen Mixer püriert oder im Shaker geschüttelt. Man seiht in hohe, schmale Gläser ab, gibt in diese je 1 Eiswürfel und garniert mit Schlagrahm.

Berberitzen-Gelee

¹/₂ l Berberitzensaft
¹/₂ l Apfelsaft
1 kg Gelierzucker

Da die Berberitzen recht sauer sind, ist es zweckmäßig, bis etwa zur Hälfte einen milderen Fruchtsaft darunterzumischen; man kann hierzu sowohl frischgepreßten Birnen- wie Apfelsaft, Himbeersaft oder auch den reichlich neutral schmeckenden Saft von Mispeln verwenden. Falls gleich zu gleich Zucker der Zunge noch immer nicht behagen will, gibt man einige Tabletten Assugrin hinzu.
Der Saft wird aufgekocht, mit dem Gelierzucker versehen, nach Vorschrift (5–10 Minuten) brausend durchgekocht und noch gut warm in Gläser gegossen. Man verschließt mit Twist-Off-Deckeln oder mit naßgemachtem Einmach-Cellophan.

Berberitzen-Holunder-Gelee

1 l Berberitzensaft
1 l Holundersaft
2 kg Gelierzucker

Die beiden Säfte, die sich geschmacklich gut ergänzen, werden mit dem Zucker, wie voranstehend, zur Geleeprobe gekocht.

Berberitzen-Mus

Berberitzenmarmelade ist nicht zu empfehlen, da die gekochte Masse nicht durchgepreßt oder gar im Fleischwolf durchgedreht werden darf, weil sonst die zahlreichen, zerquetschten Kerne zu viel herbe Gerbsäure abgeben würden.

Man kann die Beeren aber unter stetem Rühren mit wenig Wasser gut weich kochen, dann sanft durchdrücken und das zumeist ziemlich flüssige Mark noch einkochen. Oder den dünnen Saft an ein sonst manchmal langweilig schmeckendes Apfel- oder Birnenmark geben und nach dem Rezept Mehlbeer- oder Mispelgelee S. 61 bzw. S. 62 zubereiten. Etwas Vanillinzucker mildert die Herbe der Berberitze.

Vitamin-Zeltl

1 l Berberitzensaft
1 kg Zucker

Die Berberitzen werden mit etwas Wasser bedeckt weichgekocht (Mus) und abgetropft. Dann bereitet man Krumpelzucker nach dem Rezept S. 9 und gibt langsam unter stetem Rühren den Berberitzen-Saft hinzu. Er wird nun so lange eingekocht, bis er dick vom Löffel fließt und bei einer Probe ein Tropfen stehen bleibt. Man gießt jetzt mit einem Löffel auf ein mit Öl bestrichenes Blech oder auf Pergamentpapier kleine Plätzchen und läßt sie erkalten; sie lassen sich leicht ablösen und sind ausgezeichnete Vitamin-spender in der Art von sauren Bonbons.

Berberitzen-Apfelpaste

300 g Berberitzenmus
wie vorstehend gewonnen
300 g Apfelmus
875 g Zucker
7 EL Opekta 2000
10 g Citropekt, etwas Zimt

Das noch ungesüßte Fruchtmus der Äpfel wie der Berberitzen wird mit dem Zucker brausend durchgekocht. Man gibt Citropekt und nach 15 Minuten das Opekta daran und würzt mit Zimt. Die Masse muß noch sehr gut durchgekocht werden, wird dann 1 cm dick ausgegossen und wie die Him-beer-Apfelpaste Seite 45 weiterbehandelt.

Rote Grütze mit Berberitzen

250 g Berberitzen
250 g Himbeeren
250 g Brombeeren
oder Heidelbeeren
oder Ebereschen
oder auch Johannisbeeren
1 l Wasser, 300 g Zucker
50 g Mondamin
1 Becher Schlagrahm,
Zucker

Die Beeren werden entsprechend ihrer Art vorbereitet, aufgekocht und abgetropft. Man mißt dann genau 1 Liter Saft ab, süßt ihn nach Bedarf und kocht das angerührte Mondamin hinein. Die Masse wird in eine oder in mehrere gespülte Schalen gegossen und sehr kalt gestellt. Obenauf streut man etwas Zucker; dann bildet sich keine Haut. Die Rote Grütze wird recht kalt und entweder mit flüssigem Rahm oder mit leicht gesüßtem Schlag-rahm serviert.

Berberitzen-Joghurt

1 Becher Joghurt
2–3 EL Berberitzensirup
(S. 10), feine Mandelspäne

Der Joghurt wird löffelweise und abwechselnd mit dem Berberitzen-Sirup in Gläser gefüllt und mit dünnen Mandelspänen überstreut. Er schmeckt sehr erfrischend.

Berberitzen-Schaum

4 Eier, 150 g Zucker
1 große Tasse Berberitzensaft

Die Eier werden mit dem Zucker gut durchgerührt. Dann gibt man den Berberitzensaft dazu und schlägt die Masse über dem Feuer dickschaumig. Die Schüssel wird eine Weile in den Kühlschrank gestellt. Man verteilt die Creme in Gläser und garniert entweder mit Schlagrahm oder gießt etwas Eierlikör darüber.

Götterspeise

$1/4$–$1/2$ l Schlagrahm
4–5 EL Berberitzengelee
2 EL Zucker
50 g Schokolade
2 Scheiben Pumpernickel
2 Gläser Cassis
oder Holunderlikör

Zuerst schlägt man den Schlagrahm mit dem Zucker steif; man kann ihn mit etwas Vanillinzucker aromatisieren. Dann verteilt man ihn mit dem Gelee und der geriebenen Schokolade sowie dem geriebenen Pumpernickel in Becher, gießt etwas Cassis (Likör von schwarzen Johannisbeeren) darüber und beginnt wieder von neuem mit Schlagrahm, Gelee, Schokolade und Pumpernickel. Oberauf streut man nochmals Schokolade oder setzt einen Klecks Schlagrahm darauf.

Berberitzen-Eis

$1/2$ kg Berberitzen
$1/2$ kg Zucker, $1/4$ l Rotwein
$1/2$ Stange Vanille
ungespritzte Orangen-
schale
$1/4$ l Wasser

Die abgeperlten Berberitzen werden mit dem Rotwein, der geschlitzten Vanillestange und einem Stück ungespritzter Orangenschale gekocht, leicht zerdrückt und abgesiebt. Inzwischen kocht man den Zucker in $1/4$ l Wasser zu Sirup, fügt den Berberitzensaft hinzu und gefriert die erkaltete Masse in einer Eisrührmaschine. Das Eis schmeckt ähnlich wie Zitronen-Eis, hat aber eine schönere Farbe. Man gibt nach Belieben etwas Schlagrahm oder Schlagcreme dazu.

Pikante Berberitzen-Soße

100 g Butter, 1 EL Mehl
etwas kräftige Fleisch-
brühe oder Bouillon-
würfel, 1 Glas Berbe-
ritzensaft, Muskat, Salz
Pfeffer, 6 Eier, Petersilie
Estragon, ein wenig Milch

Butter und Mehl schwitzt man durch und gießt mit Fleischbrühe (Fleischbrühwürfel) etwas auf. Daran gibt man den Berberitzensaft, Muskat, Salz, Pfeffer und, nachdem man den Topf vom Feuer gezogen hat und die Masse etwas abgekühlt ist, die verschlagenen Eidotter. Die Soße darf nun nicht mehr kochen; sie wird noch sehr kräftig mit feingehackter Petersilie oder Estragon und etwas Milch aufgegossen. Zuletzt wird sie nochmals mit Berberitzen- oder Zitronensaft nachgeschärft. Sie paßt ausgezeichnet zu weißem Fleisch (Kalb, Lamm, Kaninchen, Geflügel).

Brombeere

Rubus fruticosus

Kratz- oder Kroatzbeere,
Hunds-, Braun- oder
Schwarzbeere

Kennzeichen
Der Strauch wird 50–200 cm groß.
Seine stachligen Stengel hängen
meist bogig über. Die Blüten sind
weiß-rosa und stehen in Trauben.
Die dunklen, gezähnten Blätter sind
handförmig geteilt. Die schwarze
oder rötliche, glänzende »Beere«
besteht aus 20–50 kleinen Einzel-
früchten, sie ist eine Sammelfrucht,
die sich nach ihrer Reife leicht vom
Blütenboden lösen läßt.

Brombeeren einfrieren

Dazu werden die Beeren mit etwas Zucker durchstreut oder mit Zuckersirup übergossen.

Brombeer-Kompott

*500 g reife Brombeeren
Zucker nach Bedarf
1–2 P Vanillinzucker
oder etwas Zimtrinde
oder ¹/₂ Tasse
Zwetschgenmus*

Zum Kompott eignen sich nur gut reife, sauber verlesene Brombeeren. Sie
werden in starker Zuckerlösung kurz einmal aufgekocht; man kann dabei
etwas Vanillinzucker oder Zimt oder auch Zwetschgenmus daruntergeben.
Will man das Kompott sterilisieren, muß man 25 Minuten bei 75° C in
Gläsern oder in innen gelb lackierten Dosen in nur leise ziehendem Wasser
sterilisieren. Nach Belieben kann man es auch einfrieren.

Brombeer-Saft

*Brombeeren
Zucker*

Soll der Saft roh genossen werden, so schleudert man die leicht zerdrückten
Früchte in einer Saftzentrifuge aus oder preßt sie von Hand in einem
Stoffbeutel ab. Zum Konservieren kocht man die zerdrückten, mit Wasser
knapp bedeckten Beeren gut aus oder dämpft sie, mit etwas Zucker durchstreut, im Dampfentsafter. Der Rohsaft braucht gar keinen, der im Dampf-
entsafter gewonnene Saft sehr wenig, der gekochte Saft viel Zucker, den
man mit etwas Assugrin strecken kann. Der Rohsaft muß innerhalb von 1–2
Stunden verbraucht werden. Der dampfentsaftete wird nur heiß randvoll in
heiße Flaschen gefüllt und sofort verschlossen; der gekochte Saft wird 30
Minuten bei 80° C sterilisiert. Näheres darüber bei Grundrezepten Seite 93.
Der sehr aromatische, dunkelrote Saft eignet sich zur Verfeinerung aller
Obst-, Süß- und Mehlspeisen.

Standort
Wege- und Waldränder, sonnige Lichtungen, Bachufer. Veredelt als große Gartenfrucht gezogen.

Erntezeit
August bis Oktober, wenn die Früchte schwarz, süß und weich sind.

Verwertung
Rohgenuß, Saft, Gelee, Marmelade, Kompott, Mark, Fruchtpasten,

Wein. Likör. Die Blätter als Tee. Brombeeren lassen sich nach allen Rezepten zubereiten, die für Himbeeren, Walderdbeeren, Preiselbeeren, Heidelbeeren und Holler angegeben sind. Sie müssen gut ausgereift sein oder notfalls einige Tage ausgebreitet werden, damit sie nachreifen können. Nur so haben sie ihr volles Aroma. Sie brauchen genügend Zucker, aber nur wenig Gewürze.

Brombeer-Sirup

2 l Brombeersaft
1 kg Zucker

Der Zucker wird zu Krumpelzucker (Seite 9) gekocht. Man gibt den am besten unverwässerten, also dampfentsafteten oder rohgeschleuderten Brombeersaft dazu und kocht ihn unter Umrühren sirupdick. Nach Belieben kann man ihn zuletzt noch mit Vanillinzucker oder etwas Zimtrinde würzen. Er wird in kleine Fläschchen gefüllt und mit Schraubverschluß oder Einmach-Cellophan verschlossen und hält sich, kühl gestellt, monatelang.

Brombeer-Gelee

1½ l Brombeersaft
1 kg Zucker
1 Normalflasche
Opekta 2000

Der Saft wird nach Belieben halb durch Apfel- oder Holundersaft ersetzt und mit dem Zucker und der dem Opekta beigepackten Zitronensäure erhitzt und dabei gerührt. Sobald er brausend kocht, gibt man das Opekta hinzu, rührt und füllt das damit bereits fertige Gelee in erhitzte Gläser. Sie werden mit naßgemachtem Einmach-Cellophan oder Twist-Off-Deckeln verschlossen.

Brombeer-Marmelade

2 kg Brombeeren
2½ kg Zucker
1 Normalflasche
Opekta 2000

Die gewaschenen, abgetropften, möglichst reifen Beeren werden grob zerdrückt, mit dem Zucker und der Zitronensäure (Citropekt, dem Opekta beigepackt) unter Rühren zum Kochen gebracht. Man rührt das Opekta hinzu, kocht kurz wallend auf und füllt die nun bereits fertige Marmelade noch heiß in heiße Gläser. Sie werden mit passenden Deckeln oder mit Einmach-Cellophan verschlossen.

Brombeer-Orangen-Marmelade

1¹/₂ kg Brombeeren
¹/₂ kg Orangen
2¹/₂ kg Zucker
1 Normalflasche Opekta
2 Likörgläser Grand Marnier

Die zerdrückten, reifen Brombeeren und das ohne Kerne und Häute klein-geschnittene Orangenfleisch werden mit dem Zucker durchgekocht. Man gibt die Zitronensäure (Citropekt) und unter Rühren das Opekta hinzu und läßt die Marmelade noch tüchtig aufbrausen. Zuletzt gießt man den Grand Marnier daran und füllt die Marmelade in Gläser.

Brombeer-Pikanta

600 g Brombeeren
2 Orangen
1 Zitrone
50 g kandierter Ingwer
500 g Zucker, 1¹/₂ EL Senf, Pfeffer, Nelken, Salz
125 g Haselnüsse
2 Likörgläser Rum
¹/₂ Normalflasche Opekta

Die Brombeeren, das ohne Kerne und Häute feinzerkleinerte Fleisch von Orange und Zitrone kocht man mit dem Zucker gut durch. Sobald die Masse genügend kocht, gibt man das Opekta hinzu und würzt mit dem geraffelten Ingwer, Senf, Nelken, Pfeffer und Salz und gibt die feingeriebe-nen Nüsse und den Rum darunter. Die Masse, eine Art Chutney, soll scharf süß-sauer und halbdick sein. Man verwendet sie als pikante Beilage zu Fleischgerichten.

Brombeer-Drink

1 Tasse Brombeersirup
¹/₂ Tasse Milch, 1 Ei
1–2 Likörgläser Kroatz-beer-Likör, etwas Zucker, Muskat

In einen Shaker (Mischbecher) gibt man den Brombeersaft, nach Belieben 1–2 Eiswürfel, die Milch und das Ei, den Likör und nach Bedarf noch etwas Zucker, schüttelt gut durch und füllt das Getränk in einen passenden Becher. Zuletzt reibt man etwas Muskat darüber.

Überzogene Brombeeren

Eine Schale große Brom-beeren, 150 g Zucker
1 Eiweiß

Eiweiß und Zucker werden sehr dickschaumig geschlagen. Man taucht dann einzelne große Brombeeren hinein und legt sie auf kleine Glasteller. Sie trocknen in wenigen Minuten und sind eine ausgezeichnete Knusper- oder Nachspeise.

Brombeer-Gelee-Speise

1 Becher Quark
1 Becher Schlagrahm
400–500 g Brombeeren
Zucker nach Bedarf
etwas Orangensaft
1–2 Likörgläser Wein-brand

Der gesüßte und mit dem nach Belieben mit etwas Weinbrand und/oder Orangensaft gewürzte Quark wird mit dem steifen Schlagrahm und zuletzt mit den eingezuckerten Früchten vorsichtig vermischt. Man richtet die Creme entweder mit geriebenen Haselnüssen oder mit geriebener Muskat-nuß oder mit grobgeraspelter Schokolade an.

Farbbild auf Seite 69

250 g Brombeeren
250 g Himbeeren
250 g Berberitzen
oder Heidelbeeren
oder Ebereschen
oder auch Johannisbeeren
1 l Wasser, 300 g Zucker
50 g Mondamin
1 Becher Schlagrahm,
Zucker

Rote Grütze mit Brombeeren

Die Beeren werden entsprechend ihrer Art vorbereitet, aufgekocht und abgetropft. Man mißt dann genau 1 Liter Saft ab, süßt nach Bedarf und kocht das angerührte Mondamin hinein. Die Masse wird in eine oder in mehrere gespülte Schalen gegossen und sehr kalt gestellt. Obenauf streut man etwas Zucker; dann bildet sich keine Haut. Die Rote Grütze wird recht kalt und entweder mit flüssigem Rahm oder mit leicht gesüßtem Schlagrahm serviert.

400–500 g Brombeeren
¹/₂ l Wasser, 1 P Mandel-
oder Sahnepudding
¹/₂ Orange oder
1 Gläschen Brombeer-
(Kroatzbeer)Likör
etwas Schlagrahm
etliche Mandeln

Brombeer-Flammeri

Von den Beeren nimmt man einige schöne Exemplare weg, kocht die übrigen in Wasser weich und drückt sie durch ein Sieb. Dann kocht man einen Beutel angerührtes Puddingpulver in genau ¹/₂ l Saft ein, süßt nach Geschmack, gibt den Likör daran und stürzt später den in eine Form gefüllten Pudding nach dem Erkalten auf eine Platte. Er wird mit gesüßtem Schlagrahm und Mandelsplittern garniert; zuletzt gibt man noch etliche übrigbehaltene Brombeeren darüber.

³/₈ l Brombeersaft
¹/₈ l Rotwein
2–3 EL Zucker
1 P Vanillinzucker
1–2 Gläschen Weinbrand
6 Blatt Gelatine
1 Becher Schlagrahm
oder Quark, etwas Zucker

Brombeer-Sülze

Der Brombeersaft wird mit dem Rotwein gemischt, gesüßt, mit Vanillinzucker und Weinbrand gewürzt und mit der aufgelösten Gelatine gut verrührt. Man kann ebenso ¹/₂ l gut gesüßtes, fertiggekochtes, ausgekühltes Brombeerkompott verwenden und mit der aufgelösten Gelatine verrühren. Dann füllt man die Masse in eine gut gespülte Form und stürzt sie nach dem Erstarren. Zuletzt wird die Speise mit etwas vanilliertem Schlagrahm oder Quark garniert.

3 Eiweiß, 210 g Zucker
3–4 EL dicker Brombeer-
sirup
1 Gläschen Kroatzbeer-
Likör
1–2 P Vanillinzucker

Brombeer-Baisers

Die Eiweiß werden sehr steif geschlagen; unter Weiterschlagen streut man den möglichst feinen Zucker ein und gibt den Vanillinzucker, den Brombeersirup und den Likör dazu. Nach Belieben kann man noch mit einigen Tropfen Zitronen- oder Berberitzensaft nachwürzen. Der sehr steife Schaum wird zu kleinen Häufchen oder Kringeln auf ein mit Pergament belegtes Backblech gesetzt; man läßt das Gebäck mehr trocknen als backen und zwar etwa 2 Stunden bei 80–100° C. Die Baisers müssen krachtrocken sein; sie werden gut verschlossen aufbewahrt, damit sie nicht zäh werden.

Cornelkirsche

Cornus mas

Kornellkirsche, Dürrlitze,
Juden- oder Korneliuskirsche,
Hornstrauch, Dendl, Dirndeln,
Dürndln (Österreich)

Cornelkirsch-Saft

Cornelkirschen, Zucker etwas Kirschwasser

Die Cornelkirschen werden mit Wasser bedeckt weich gekocht und abgetropft. Den Saft süßt man nach Bedarf und verwendet ihn entweder frisch mit etwas Kirschwasser oder sterilisiert ihn 30 Minuten bei 80° C und gibt dann erst bei Gebrauch das Kirschwasser dazu.

Cornelkirsch-Süßmost

Wenn die Ernte an Cornelkirschen reichlich ausgefallen ist, lohnt es sich, Süßmost daraus zu bereiten. Man gibt die gewaschenen Kirschen in einen Dampfentsafter, streut auf 1 kg etwa 100 g Zucker dazwischen und läßt den heiß abrinnenden Süßmost so heiß als möglich in vorgehitzte, saubere Flaschen fließen, macht sie dabei randvoll und verschließt sie sofort. Nach Belieben kann man etwas heiße Zuckerlösung hinzufügen oder den Saft erst bei Gebrauch nachsüßen, soweit dies nötig ist.

Cornelkirschen-Marmelade

1 ½ kg Cornelkirschen
375 g Zucker
1–2 P Vanillinzucker

Die gut nachgereiften Cornelkirschen werden trocken durch ein Sieb gestrichen. Dann wiegt man genau ½ kg Masse ab und kocht inzwischen den Zucker zu Krumpelzucker, wie Seite 9 beschrieben. In diesen Zucker gibt man das Cornelkirschenmark und läßt es unter häufigem Rühren dicklich kochen. Man füllt die dickfließende Masse heiß in Gläser.

Herren-Marmelade aus Cornelkirschen

2 ½ kg Cornelkirschen
entsteint gewogen
2125 g Zucker

Die Kirschen werden knapp mit Wasser bedeckt, weichgekocht und durch ein Sieb gestrichen. Man wiegt genau 1500 g Masse ab und bringt sie mit dem Zucker und dem Citropekt (dem Opekta beigepackt) unter ständigem

18

1 Normalflasche Opekta 2000
1/8 l Wodka oder Rum

Rühren zum Kochen. Nach etwa einer halben Minute brausendem Durchkochen fügt man das Opekta hinzu, läßt noch einmal aufwallen und zieht den Topf vom Feuer. Dann gibt man Wodka oder Rum und nach Belieben auch noch einige Tropfen Mandelöl hinein und füllt die Marmelade heiß in vorbereitete Gläser; sie werden sofort verschlossen.

Cornelkirschen in Rotwein-Zucker

1 kg Cornelkirschen
3/4 kg Zucker, 1/4 l Rotwein
etwas Wasser
1–2 Orangen

Die einige Tage gelagerten Cornelkirschen, die schön reif und weich sein müssen, werden in dem leicht gewässerten Rotwein gargekocht. Dann siebt man sie ab, gibt an die Brühe den Zucker und den Orangensaft, kocht ihn ziemlich dickölig ein und gießt ihn wieder über die Cornelkirschen. Man kann nach Belieben noch 1–2 Likörgläser Grand Marnier hinzufügen. Die Kirschen werden in Gläser gefüllt; sie müssen immer unter der Brühe liegen. Sie halten sich einige Monate.

Cornelkirsch-Pikanta

Etwa 1 kg Cornelkirschen
500 g Zucker, 1/4 l Rotwein
10 Pfefferkörner
1 Msp Nelkenpulver
1 Stück Zimtrinde
einige Tropfen Mandelöl
und 1/2 Normalflasche
Opekta 2000 (6 EL)
etwas Citropekt

Etwa 1 kg Cornelkirschen werden weich gekocht und durch ein grobes Sieb gedrückt, so daß die Kerne zurückbleiben. Man nimmt genau 400 g von diesem Mark, gibt den Zucker, den Rotwein, und die Gewürze daran und kocht die Masse auf. Nach etwa 15 Minuten gutem Durchkochen unter ständigem Rühren fügt man das Opekta und das Citropekt hinzu und füllt die dickliche Masse in Gläser. Sie paßt gut zu Grilladen, zu Schinken oder Wild.

Eberesche

Sorbus aucuparia

Gemeine Eberesche,
Mehlbeere, Vogelbeere,
Drosselbeere

Neben der Gemeinen Eberesche gibt es noch die sogenannte Edle oder Mährische Eberesche (*Sorbus acuparia* var. *edulis* ‚Moravica‘).

Kennzeichen
Man findet sie als Strauch oder Baum mit lockerer Krone, sie wird 5–15 m hoch. Ihre Blätter sind unpaarig gefiedert und bestehen aus 9–15 Teilblättchen. Die reichblühenden Doldenrispen umfassen bis

Eigenschaften

Die Eberesche wird mit Recht die nordische Zitrone genannt, denn sie enthält sehr viel Vitamin C, sogar nahezu doppelt so viel wie die normalen Citrusfrüchte. Die reichlich vorhandene Apfel-, Zitronen- und Parasorbitsäure und Sorbit wirken bakterientötend und entzündungshemmend, weshalb man sie in der Volksheilkunde bei Durchfall und Ruhr verwendet, weil sie stopfend wirkt. Bei gesunden Personen kann man sich auf die verdauungsfördernden Eigenschaften der Eberesche verlassen.

Während die gewöhnliche Eberesche selbst auf steinigem Boden und in rauhem Klima noch bis in die höchsten Regionen hinauf gut gedeiht und reichlich Früchte bringt, sollte man die Edle oder eßbare Mährische Eberesche als Zierstrauch anpflanzen und ihre Früchte vielseitig verwenden. Die vollen, schön roten Beerendolden bilden, mit Blumendraht gehalten, hübsche Sträuße und sonstige Dekorationen, etwa in Kränzen, Erntekränzen und dergleichen. Zuletzt verwendet man die abgetrockneten Beeren noch als Vogel- und Geflügelfutter.

Vorbereiten der Früchte

Die kleinfrüchtige Eberesche ist bitter und soll einen Frost überdauert haben. Man erkennt sie sofort, wenn man eine rohe Beere aufbeißt. Die großfrüchtigen Ebereschensorten kann man ohne Vorbereitung verwenden, da sie nicht bitter sind. Sie dürfen aber auch nicht zu reif sein, sonst werden sie mehlig und langweilig.

Das Entbittern der gemeinen Eberesche geschieht am besten durch Einlegen der Früchte über Nacht in nicht zu starkes Essigwasser. Sie werden dann gut nachgewaschen und abgetropft.

zu 30 Einzelblüten, aus denen sich kugelige, knapp erbsengroße, korallenrote Früchte entwickeln, in denen Vitamin C und Provitamin A enthalten ist. Im Gegensatz zur anspruchslosen Gemeinen Eberesche braucht die Edle Eberesche einen etwas besseren Boden und eine wärmere Lage; ihre Beeren enthalten keinen Bitterstoff und können deshalb auch roh gegessen werden.

Standort
Waldränder, oft auch als Straßenbepflanzung.

Erntezeit
Ab August, wenn die Beeren rot-orange sind, bis nach Eintritt des Frostes, der die Früchte allerdings rasch mehlig-weich, aber auch bedeutend milder macht.

Verwertung
Die Beeren verwendet man zur Saftgewinnung, zu Gelee, Marmeladen, Pasten usw. und bereitet daraus einen südweinartigen Wein und einen Likör (Malifka). Das Laub dient als Wild- und Viehfutter. Es wird besonders gern von Ziegen, Hühnern und Kaninchen gefressen. Das Holz ist weiß und hart und wird von Schreinern und Drechslern geschätzt.

Ebereschen-Mischkompott

Ebereschen, Äpfel Birnen oder Hagebutten Erdbeeren, Schwarze Johannisbeeren oder Holunder, Zwetschgen oder grüne Tomaten, Zucker

Die gewaschenen Beeren und die anderen entsprechend vorbereiteten, beliebig gemischten Früchte werden, mit Wasser gut bedeckt, weichgekocht und nach Geschmack gesüßt. Man kann die Ebereschenbeeren in jedem gewünschten Mischungsverhältnis zugeben und die Masse noch mit Zitronensaft, Zimt und Nelken oder Vanillinzucker und ein wenig Anis würzen.

Ebereschen-Herren-Kompott

2,5 kg Ebereschenbeeren 1 kg saure Äpfel 1/2 kg Birnen, 1 EL Zimt 1 TL Nelken, 2 kg Zucker 1 Wasserglas Williams-Schnaps

Die möglichst großen, süßen Beeren sowie die Birnen- und Apfelschnitze werden mit Wasser bedeckt weichgekocht. Man gibt Zucker, Zimt und Nelken und nach dem Erkalten den Schnaps dazu. Das Kompott wird 30 Minuten bei 80° C sterilisiert. Wird das Kompott etwas flüssiger gehalten, so dient es als Nachtisch; dicker eingekocht, bildet es eine feine Beilage zu Wild, Schinken, Pasteten und ähnlichen Gerichten.

Ebereschen-Mus

Ebereschen, Zucker

Entbitterte Ebereschenbeeren oder solche einer süßen Sorte werden mit Wasser bedeckt so lange gekocht, bis sie weich sind. Man gibt sie durch ein Sieb, zerdrückt aber dabei die Kerne nicht zu sehr. Dann süßt man das Mus nach Geschmack. Man kann es durch Zugabe von etwas Zimt und Nelken würzen oder mit Apfel-, Hagebutten- oder Quittenmus oder mit weichgekochten Birnen verändern. Auch Holunder, Zwetschgen oder etwas Zitronensaft passen dazu. Für Diabetiker oder Übergewichtige ersetzt man den Zucker ganz oder teilweise durch Assugrin.

Ebereschen-Süßmost

Ebereschen, etwas Zucker

Die gutreifen, noch nicht mehligen Ebereschenbeeren, entweder die einer süßen Sorte oder solche, die durch Einlegen in Essigwasser entbittert wurden, gibt man, mit wenig Zucker durchstreut (auf 1 kg Beeren 50 g Zucker), in einen Dampfentsafter. Der so gewonnene Süßmost wird heiß in heiße Flaschen gefüllt und sofort verschlossen. Dieser Süßmost schmeckt erfrischend; er soll bei Husten und Heiserkeit wohltuend wirken. Er ist auch wegen seines hohen Vitamingehaltes geeignet, Frühjahrsmüdigkeit erfolgreich zu beheben.

Ebereschen-Sirup

Ebereschen, Zucker

Entbitterte Beeren der einfachen oder solche von der süßen Mährischen oder Russischen Eberesche werden, mit Wasser bedeckt, sehr gut durchgekocht, bis sie zerfallen sind. Man siebt sie ab und gibt an den gewogenen Saft gleichviel Zucker. Der Saft wird eingekocht, bis er ölig dick ist und dann heiß in heiße Flaschen gefüllt. Man verschließt sie sofort.

Ebereschen-Gelee 1

$^3/_4$ l Ebereschensaft
$^1/_2$ l Apfel- oder Holunderbeersaft, 1750 g Zucker
1 Normalflasche
Opekta 2000

Die (entbitterten) noch nicht mehligen Ebereschenbeeren werden mit Wasser bedeckt weich gekocht. Man läßt sie durch ein Tuch abtropfen. Die Beeren dürfen nicht zerquetscht und nicht durch eine Maschine gegeben werden, weil die Kerne viel Gerbsäure enthalten und das Gelee oder die Marmelade bitter machen würden. An genau $^3/_4$ l Ebereschensaft gibt man $^1/_2$ l Apfel- oder Holundersaft, den Zucker und das Citropekt, kocht die Masse unter Umrühren auf, fügt Opekta hinzu und läßt das Gelee gut aufwallen. Damit ist es fertig; es wird heiß in Gläser gefüllt und verschlossen.

Ebereschen-Gelee 2

$^1/_2$ l Ebereschensaft
$^3/_4$ l Himbeer- oder Kirschsaft, auch Cornelkirschsaft
1750 g Zucker
1 Normalflasche
Opekta 2000

Die gewaschenen Ebereschen werden mit Wasser bedeckt und weichgekocht. Man gibt sie zum Ablaufen auf ein Tuch und fügt dem gewonnenen Saft ($^1/_2$ l), den übrigen Fruchtsaft, den Zucker und das dem Opekta beigepackte Citropekt hinzu. Man erhitzt alles unter Umrühren, rührt das Opekta unter starkem, brausenden Kochen bei und füllt das Gelee in Gläser. Sie werden mit Deckeln oder Einmach-Cellophan verschlossen.

Ebereschen-Birnen-Marmelade

1 kg süße Ebereschen
$^1/_2$ kg Birnen, 1 kg Zucker

Die Beeren werden mit den Birnenschnitzen, nach Belieben auch mit einem Teil Apfelschnitzen, knapp mit Wasser bedeckt und weichgekocht. Man drückt die Masse locker durch ein Sieb und kocht das Mark mit dem Zucker dick. Wenn Birnen und Äpfel nicht sehr reif und süß sind, gibt man ein weiteres $^1/_2$ kg Zucker dazu.

Ebereschen-Weißdorn-Marmelade

1,5 kg Weißdorn-Beeren
1 kg Ebereschen-Beeren
2$^1/_2$ kg Zucker
1 Normalflasche
Opekta 2000

Die gereinigten Ebereschen- und Weißdorn-Beeren werden mit 1 $^1/_2$ Liter Wasser 20–25 Minuten gekocht. Man drückt sie durch ein Sieb und wiegt von diesem Fruchtmus genau 2 kg ab. Nun fügt man den Zucker hinzu, bringt die Masse unter Umrühren zum Kochen und läßt sie 10 Minuten brausend wallen. Danach rührt man das Opekta ein, kocht noch einmal kurz auf und füllt die nun fertige Marmelade heiß in vorgehitzte Gläser und verschließt sie sofort.

Ebereschen-Preiselbeer-Marmelade

1 kg Ebereschen-Mark
1 kg vorgekochte Preisel-
beeren, 2$^1/_2$ kg Zucker
1 Normalflasche
Opekta 2000

Süße, reifgelagerte Ebereschen werden abgeperlt, mit Wasser bedeckt, gekocht und durchgedrückt. An 1 kg Mark gibt man ebensoviel verkochte Preiselbeeren, den Zucker und das dem Opekta beigepackte Citropekt. Nach etwa $^1/_2$ Minute brausendem Durchkochen rührt man das Opekta ein, läßt kurz aufwallen und füllt die fertige Marmelade heiß in Gläser.

Ebereschen-Apfel-Marmelade

1 l Ebereschensaft
1 l dickes Apfelmark
2 $^1/_2$ kg Zucker
1 Normalflasche
Opekta 2000

Die Ebereschen werden mit Wasser bedeckt und sehr gut weichgekocht, dann durch ein Haarsieb gerührt, dabei aber nur leicht gedrückt. Die Apfelschnitze werden ebenfalls mit Wasser bedeckt, weichgekocht und durchgedrückt. Man mißt von beiden Massen je 1000 g ab und fügt den Zucker unter Rühren dazu. Sobald die Masse sehr stark brausend kocht, gibt man das Opekta daran, läßt kurz einmal aufwallen und füllt die Marmelade heiß in Gläser.

Ebereschen-Marmelade mit Honig

1 kg Ebereschenbeeren
$^1/_2$ kg Honig, etwas Zimt

Die sauber verlesenen, reifen Beeren, am besten nach den ersten Frösten gepflückt, breitet man flach auf einem trockenen Backblech aus und überbäckt sie in einem nicht zu heißen Ofen nur ganz kurz, so daß sie nur etwas zerfallen und leise durchgaren, aber nicht braten! In der Zwischenzeit läutert man den Honig, schäumt ihn etwas ab und verkocht ihn dann mit dem Zimt und den weichen Ebereschen zu einer dicken Masse. Man verwendet die Konserve wie Preiselbeeren als pikante Beilage zu Fleisch, Pasteten, Schinken und dergleichen.

Ebereschen wie Preiselbeeren

1 kg süße Ebereschen
600 g Zucker

Die abgeperlten, möglichst reifen, aber noch nicht mehligen Beeren werden mit $^1/_4$ l Wasser so lange gekocht, bis sie ganz faltrig sind. Man siebt sie ab und kocht den Saft in den dick gekochten Krumpelzucker (siehe Seite 9) ein. Die Beeren werden dann noch gut in diesem Zuckersud durchgekocht. Man gibt sie wie Preiselbeeren in einen Steintopf oder in Gläser mit gutem Schraubverschluß. Nach Belieben kann man auch Preiselbeeren in jedem beliebigen Verhältnis mitkochen. Die Ebereschen brauchen dabei weniger Zucker als Preiselbeeren. Sie passen als dickliches Kompott sehr gut zu Wild, zu Wiener Schnitzel, zu Pasteten, Schinken usw.

Ebereschen-Pikanta

500 g Ebereschenmus
500 g Zucker, $^1/_8$ l Rotwein
1 $^1/_2$ EL Senf, nach Belieben 1–2 EL gerie-
bener Meerrettich
1 TL Ingwerpulver
$^1/_2$ TL Zimt, je 1 Prise
Nelkenpfeffer und Salz
$^1/_2$ Normalflasche
Opekta 2000 (7 EL)

Die Ebereschen werden gekocht und durch ein Sieb gedrückt. Man nimmt genau 500 g und fügt den Zucker, den Rotwein, den Meerrettich und die Gewürze hinzu und läßt die Masse unter gutem Rühren aufkochen. Nach etwa 15 Minuten gibt man das Opekta hinein, läßt noch einmal kurz aufwallen und füllt die dickliche Pikanta-Masse in Gläser, die sofort verschlossen werden. Sie paßt sehr gut zu Grilladen, kaltem Braten, zu Pasteten, Schinken, Wild und dergleichen.

Ebereschen-Rosinen

500 g getrocknete süße
Ebereschenbeeren
250 g Zucker
750 g Wasser

Das ist eine lustige Spielerei, die dem Sammeln Sinn gibt! Der Zucker wird mit dem Wasser gut durchgekocht. Man gibt die Beeren hinein und kocht weiter bis alle Flüssigkeit eingesogen ist. Jetzt muß der Topf vom Feuer, denn sonst wird der Zucker braun. Man läßt die Beeren, etwas auseinandergelegt, trocknen und verwendet sie zum Knuspern oder wie sonst Rosinen.

Ebereschen-Wein

(10 Liter)

1 kg Ebereschenbeeren
1 kg Hagebutten
1,8 kg Zucker
6 g Hefenährsalz
1 P Liebfrauenmilch-
Weinhefe

Die Früchte werden geputzt, zerkleinert (geschnitten oder grob durchgedreht) und mit 6 l kochendem Wasser überbrüht. Nach dem Auskühlen gibt man das Hefenährsalz und die Weinhefe sowie 100 g Zucker dazu und läßt den Ansatz im zimmerwarmen Raum 24 Stunden zum Vorgären kommen. Dann wird er abgepreßt. Die Rückstände werden nochmals mit etwa $^1/_2$ l kochendem Wasser übergossen und die Flüssigkeit mit dem Hauptansatz vereint und verrührt. Der Saft kommt in den Ballon. Inzwischen kocht man den Zucker mit 1$^1/_4$ l Wasser gut durch und schäumt ab. Von dieser Zuckerlösung setzt man die Hälfte gleich, den Rest nach 48 Stunden zu. Jetzt setzt eine stürmische Gärung ein, die man mit dem Göransatz reguliert. Sobald sie nachgelassen hat, wird der Wein in Flaschen abgefüllt und verkorkt. Man läßt ihn liegend möglichst lange lagern.

Ebereschen-Likör

500 g Ebereschen
1/2 l 98%iger Alkohol
200 g Zucker
1 P Vanillinzucker

Die Ebereschen sollen schon einen Reif oder Frost überdauert haben, damit sie weich sind; man kann sie aber auch unreif pflücken und nachreifen lassen. Sie werden von Blüte und Stiel befreit, in Stücke geschnitten und samt Kernen in ein großes Einmachglas gegeben. Man gießt den Alkohol darüber und stellt das Glas 4 Wochen an die Sonne oder in Ofennähe. Dann filtert man den gezogenen Saft durch und gibt die dicklich-gekochte Lösung aus dem Zucker und etwa 1/4 l Wasser und nach Belieben noch etwas Vanillinzucker hinzu. Der Likör wird in Flaschen gefüllt und möglichst lange gelagert.

Ebereschen-Eis

1 Glas Ebereschensaft
1 Glas Holunderbeersaft
2–3 EL Ingwersirup
(aus der Dose)
etwa 200 g Zucker
1/4 l Schlagrahm
1–2 P Vanillinzucker

Die Säfte, den Sirup und den Zucker mischt man gut durch. Es kann sein, daß die Zunge noch etwas mehr Zucker verlangt. Das kommt auf die Reife und die Sorte der Ebereschen an. Wenn sich der Zucker restlos gelöst hat, gibt man den sehr kalten, vanillierten und steifen Schlagrahm darunter, füllt die Masse in 2 Eisladen und gefriert sie. Zuletzt richtet man das Eis mit Waffelröllchen an.

Ebereschen-Erfrischungsdrink

1 Glas Milch
1 Glas Mineralwasser
2–3 Eiswürfel
1 EL Kandiszucker
1 TL Honig
1 Glas Ebereschensaft
wenn möglich 1–2 EL
Ananassaft

Die kalte Milch, die Eiswürfel, Honig und Kandiszucker schüttelt man sehr gut durch. Wenn der Zucker gelöst ist, folgen der Ebereschensaft und der Ananassaft. Man gießt das Getränk halbvoll in Becher und gießt langsam Mineralwasser auf. Es ist sehr erfrischend, darf aber nicht lange stehen.

Durstlöscher

1/2 Glas Ebereschensaft
1 Gläschen Himbeersirup
1 EL Zucker, 2–3 Eiswürfel, Mineralwasser

In ein hohes Glas gießt man den Ebereschensaft, den Himbeersirup und gibt die Eiswürfel und den Zucker dazu. Man rührt gut um und gießt ganz langsam mit Mineralwasser auf. Vorsicht, das Getränk schäumt stark auf, daher muß es langsam aufgegossen werden. Es ist sehr erfrischend.

Hagebutte

Rosa canina

Heckenrose, Hundsrose, Heckenstrauch oder Hagedorn Die *Früchte* nennt man Hagebutten, Butten, Kainputte, Hüffen oder Hetschipetsch.

Kennzeichen
Der 1–3 m hohe Rosenstrauch bringt blaßrosa, schwach duftende Blüten hervor. Die eiförmigen oder länglichrunden, gesägten Blätter sind fünfteilig und unpaarig gefiedert. Die korallenroten, eiförmigen Früchte sind reich an Vitaminen, besonders an Vitamin C. Beim Trocknen allerdings werden die Vitamine weitgehend zerstört.

Vorbereiten der Früchte

Die Hagebutten enthalten behaarte Samenkerne, die restlos entfernt werden müssen, weil sie unangenehm kratzen. Um die Hände zu schützen, stellt man sich ein Tellerchen mit etwas Kartoffelmehl daneben und reibt die Haut damit ein. Man entfernt bei den Früchten Blüte und Stiel, schneidet sie der Länge nach auf und entfernt die Samen mit einem vorne spitzen Messerchen oder einem spitzrunden Kartoffelschäler. Das geht aber nur gut, solange die Früchte noch nicht reif und weich sind, also noch keinen Frost bekommen haben. Je größer die Früchte sind, desto rascher und bequemer geht das Auskernen vor sich. Man entfernt die Samen restlos, wäscht gut nach und verwendet die Früchte dann, wie im Rezept angegeben.

Hagebutten-Kompott

*1 Schale Hagebutten
ebensoviel Rosinen
etwas Zucker
1 Glas Weißwein
1–2 P Vanillinzucker oder
1 Vanilleschote*

Möglichst große und feste Hagebutten werden halbiert, sorgfältig ausgekratzt und gut gewaschen, damit alle Härchen abgehen. Man kocht sie mit derselben Menge Rosinen in Zuckerwasser mit etwas Weißwein weich und parfümiert das Kompott mit Vanillinzucker oder einer mitgekochten, aufgeschlitzten Vanilleschote. Dann stellt man es gut kalt. Nach Belieben kann man zuletzt noch etwas Weinbrand oder Ananassaft aus der Dose dazugießen.

Hagebutten-Mark

*Hagebutten, Zucker
Vanillinzucker oder Zimt
oder Zitrone*

Die Früchte werden, wie eingangs beschrieben, halbiert, entkernt, ausgewaschen und, mit Wasser bedeckt, weichgekocht. Man drückt die Masse durch ein Sieb und süßt das Mark nach Belieben. Man kann auch etwas Vanillin-

Erntezeit
Spätherbst, wenn die Früchte schön rot, aber noch fest sind.

Standort
Waldränder, Hecken, Zäune, Weiden.

Verwertung
Die fleischigen Schalen für Kompott, Mus, Marmeladen, Soßen, Wein und Likör.

Die Hagebuttenkerne ergeben in getrocknetem Zustand einen Gesundheitstee. Er schmeckt mit Zitronensaft oder etwas Vanillinzucker sehr gut.

zucker oder Zitronensaft daruntergeben. Das Mark wird in kleine Gläser gefüllt und 30 Minuten bei 80° C sterilisiert oder in Plastikbechern eingefroren.

Hetschipetsch-Mark nach Großmutters Art

1 kg Hagebutten
3/8 kg Zucker
1/2 Tasse Wasser, Zimt
Vanilleschote
1–2 Likörgläser Rum

Die Hagebutten werden von Stiel und Blüte befreit, halbiert und sorgfältig ausgekratzt. Man stellt sie einige Tage warm, damit sie schön weich und mürb werden, und treibt sie dann trocken durch ein Sieb. In der Zwischenzeit kocht man den Zucker mit wenig Wasser zu Krumpelzucker, wie Seite 9 beschrieben und gibt dann löffelweise das Hagebuttenmark, den Zimt und das ausgekratzte Mark der Vanilleschote daran. Die Masse wird fortwährend gerührt, bis sie dick ist. Man gibt den Rum darunter und füllt das Mark heiß in Gläser oder friert es in kleinen Bechern oder in Plastiktüten ein. Das Mark läßt sich besonders gut zum Füllen von Gebäck, zum Übergießen von Puddings, Eisspeisen und anderen Süßspeisen verwenden.

Hagebutten-Marmelade

3,5 kg Hagebutten
2250 g Zucker
1 Normalflasche Opekta
2000, Citropekt oder
4 EL Zitronensaft

Die Hagebutten werden von Stiel und Blüte befreit, halbiert und entkernt. Man wäscht sie mehrmals und kocht sie, knapp mit Wasser bedeckt, weich. Achtung, sie brennen leicht an! Dann treibt man sie durch ein Sieb, wiegt den Fruchtbrei und gibt auf genau 1750 g davon den Zucker, das Citropekt oder den Zitronensaft und kocht die Marmelade kurz brausend auf. Zuletzt fügt man Opekta hinzu, läßt noch einmal kurz durchkochen und füllt die Marmelade heiß in Gläser, die sofort verschlossen werden müssen.

Hagebutten-Paste

500 g Hagebuttenmark
750 g Zucker
7 EL Opekta
10 g Citropekt, Zimt,
Nelken
Vanillinzucker oder
kandierter Ingwer

Das dicklich gekochte Hagebuttenmark wird mit dem Zucker und dem Citropekt (jeder Opektaflasche beigepackt) etwa 15 Minuten unter stetem Rühren etwas eingekocht. Dabei Vorsicht, denn es brennt leicht an. Man kann einige Löffel voll feingemahlene Haselnüsse oder Mandeln darunter- geben. Dann wird das Opekta mit den Gewürzen eingerührt und noch einmal kräftig durchgekocht. Jetzt ist die Masse genügend dick; sie wird nun etwa 1 cm dick ausgegossen. Man läßt sie übertrocknen, schneidet Stück- chen davon, wälzt sie in Zucker und übertrocknet sie nochmals einige Tage.

Süße kalte Hagebutten-Soße

1 Tasse Hagebuttenmark
1 Gläschen Weißwein
2–3 EL Zucker
1 KL Stärkemehl
2 EL Rum

Das Hagebuttenmark wird mit dem Zucker und Weißwein aufgekocht. Man rührt das angemachte Stärkemehl ein, kocht die Soße dicklich und würzt sie noch mit Rum, nach Belieben auch mit etwas Zimt oder Muskatnuß oder Vanillinzucker.

Warme Hagebutten-Soße

1 EL Butter, 1 EL Mehl
2–3 EL Rahm, Salz
Pfeffer, Zucker, ½ Zitrone
3–4 EL Hagebuttenmark
nach Belieben etwas Rot-
wein oder Madeira

Zuerst bereitet man aus Butter und ein wenig Mehl eine zarte weiße Schwitze, füllt sie mit Wasser oder Süßmost auf und gibt etwas Rahm, Salz und Pfeffer, eine gute Prise Zucker, Zitronensaft und dann das Hagebutten- mark dazu. Die Soße kann nach eigenem Geschmack mehr süß oder pikant abgeschmeckt werden; man kann auch etwas Rotwein oder Madeira hinzu- fügen. Die Soße paßt zu allen Pfannensachen, zu Schinken oder Wild.

Kalte, pikante Hagebutten-Soße 1

1 Tasse dickes Hage-
buttenmark, 1 Glas
Rotwein, Salz, Pfeffer
Curry, einige Tropfen
Suppenwürze

Das Hagebuttenmark wird mit dem Rotwein verrührt und mit Salz und Pfeffer, Curry und Suppenwürze sehr pikant abgeschmeckt.

Kalte, pikante Hagebutten-Soße 2

2–3 EL Mayonnaise
oder Quark
2–3 EL Hagebuttenmark
1–2 EL Senf, ½ Zitrone
Salz, Pfeffer, Zucker
Worcester Soße, Knob-
lauch, Ingwer

An die Mayonnaise oder den Quark gibt man das Hagebuttenmark, den Senf, etwas Zitronensaft und die geriebene Zitronenschale, Salz, Pfeffer, Zucker und einige Tropfen Worcester-Soße sowie ganz wenig Knoblauch und Ingwer. Die Masse wird dann mit Weißwein entsprechend verdünnt.

Hagebutten in Essig

1 kg Hagebutten
1 l Essigwasser
1 kg Zucker, etwas Zimt-
rinde, 2 Nelken
1 KL Senfkörner
ein Stück ungespritzte
Orangen- oder Zitronen-
schale

Die Hagebutten werden von Blüte und Stiel befreit, halbiert und sauber ausgekernt. Dann kocht man das Essigwasser mit dem Zucker und den Gewürzen gut durch, gibt die Hagebutten hinein und läßt sie kurz einmal aufkochen. Man stellt nun den Topf 2–3 Tage beiseite, gießt dann die Brühe ab, kocht sie nochmals ein und gibt die Hagebutten wieder hinein. Sie werden mit Zitronen- oder Orangenschale nochmals kurz durchgekocht. Dann läßt man sie erneut erkalten; zuletzt wird der notfalls noch mit Essig nachgeschärfte Sud (Saft) erneut eingekocht und wieder über die Hagebutten gegossen. Sie müssen jetzt weich und zart sein oder andernfalls nochmals $1/4$ Stunde mitgekocht werden. Die Früchte sollen von der Essigbrühe bedeckt sein, sonst werden sie grau.
Eine sehr pikante süßsaure Beilage zu jeder Art Braten, Pastete, Pfannengerichten, Wild usw.

Hagebutten-Kaltschale 1

1 Schale Hagebutten
1 EL Mehl oder Stärke-
mehl oder Pudding-
pulver, etwas Zimt und
Vanillinzucker, Zucker
ein Stückchen Butter
etwas Weißbrot

Die Früchte werden von Blüte, Stiel und nach dem Aufschneiden von den Kernen befreit, gut mit Wasser bedeckt und weichgekocht. Anschließend werden sie durch ein Sieb gedrückt, mit dem angerührten Mehl gebunden, durchgekocht und mit Zucker, etwas Butter und Vanillinzucker oder Zimt verfeinert. Man richtet die Suppe warm oder kalt mit Weißbrotwürfelchen oder kleinen Mandelmakrönchen an. Ebenso kann man sie noch mit etwas Rotwein oder Weinbrand abschmecken.

Hagebutten-Kaltschale 2

1 Schale Hagebutten
1 P Vanillinzucker
$1/2$ l Milch, $1/4$ l Wasser
Zucker, etwas Mandelöl
50 g Marzipan
1 Gläschen Weinbrand

Die Hagebutten werden sorgfältig vorbereitet, also ausgekratzt, mit Wasser bedeckt, gut weich gekocht und durch ein Sieb gedrückt. Inzwischen hat man den angerührten Vanillepudding in die mit $1/4$ l Wasser verlängerte Milch eingekocht. Man gibt den dünnen Hagebuttenbrei, Zucker nach Bedarf und einige Tropfen Mandelöl hinzu. Die angerichtete Suppe wird mit etwas Weinbrand verfeinert und mit kleinen Würfeln von Marzipan überstreut.

Pikante Hagebutten-Suppe

1 Schale Hagebutten
$1/4$ l Rotwein, Zucker
1–2 EL Stärkemehl
etwas Ingwerpulver
Zimt, 1–2 Nelkenköpfe
Zitrone, Angostura
Rahm

Die vorbereiteten Hagebutten werden mit Wasser bedeckt weich gekocht und durch ein Sieb gestrichen. Man gießt den Rotwein daran, fügt die Gewürze hinzu und kocht die Suppe gut durch. Sie wird nur schwach gesüßt und noch mit Zitronensaft und einigen Tropfen Angostura pikant nachgeschmeckt. Man serviert die Suppe mit einigen Locken aus leicht geschlagenem Rahm.

Hagebutten-Apfelsuppe

1 Schale Hagebutten
2–4 Äpfel, Zucker
etliche Zwetschgen
1 Glas Weißwein
1 Zitrone, etwas Muskat
1 EL Mehl, 1–2 Scheiben
Toast oder Zwieback

Die entkernten Hagebuttenhälften werden mit Wasser bedeckt und weichgekocht. Ebenso die Apfelspalten. Man drückt beide Fruchtsorten durch ein Sieb, vereint sie und gießt mit Wasser auf. Die Suppe wird mit Zucker, Weißwein, Zitronensaft und Muskat pikant abgewürzt und zuletzt mit dem angerührten Mehl oder Stärkemehl leicht eingedickt. Man gibt geröstete Weißbrotwürfel oder zerbrochenen Zwieback hinein.

Hagebutten in Zucker

1 Schale große Hagebuttenschalen
½ l Essig, ½ l Rotwein
¾ kg Zucker, 1 EL
Ingwerwurzeln, etwas
Zimtrinde, 2–3 Nelken
1 Zitrone

Möglichst große, vollfleischige Hagebutten werden halbiert, ausgekratzt und in einer Mischung aus Essig und Rotwein, mit etwas Zucker, eingekocht. Man siebt sie ab, gibt nun an die Weinlösung den Rest des Zuckers und kocht ihn dicklich ein. Dann gibt man die Hagebutten daran, die Gewürze in einem Gazesäckchen, den Zitronensaft sowie die als große Spirale geschnittene Schale der ungespritzten Zitrone dazu. Die Hagebutten werden wieder abgegossen und der Zucker dicker eingekocht. Dies wiederholt man noch einige Male, bis der Zucker ganz verkocht und die Hagebutten dick vollgesaugt sind. Man nimmt die Gewürze und die Zitronenschale heraus, und bewahrt die Hagebuttenschale im alten Zuckersirup auf; er soll sie gerade bedecken und sehr gut süßsauer schmecken.

Hagebutten zu Wild

375 g getrocknete
Hagebutten
Zucker, Zimt
Zitronensaft

Die gewaschenen, gewässerten und geputzten Hagebutten gibt man in einen Topf mit gut ¼ l Wasser und läßt sie zugedeckt auf kleinster Hitze langsam weich werden. Nach dem Abkühlen bestreut man sie mit Zucker und Zimt, würzt mit Zitronensaft und reicht sie wie Preiselbeeren zu Wild.

Hagebutten-Auflauf

1 Schale Hagebutten
1 Glas Weißwein
50 g Zucker
125 g Butter
6 Eier
125 g Zucker
60 g gehackte Mandeln
1 TL Zimt
200 g Semmelbrösel

Die vorbereiteten Hagebutten werden in Wein und Zucker weichgedünstet. Aus der schaumig gerührten Butter, Eigelb, Zucker, Zimt, Mandeln und Semmelbrösel einen weichen Teig bereiten. Zuletzt die abgekühlten Hagebutten und die steifgeschlagenen Eiweiß darunterziehen. Die Masse in eine gebutterte Auflaufform füllen und bei 200° C im vorgeheizten Ofen etwa 60 Minuten backen.

Hagebutten-Makronen

4 Eiweiß
1 Tasse Puderzucker
1 Tasse geriebene Man-
deln oder Kokosflocken
2 EL Hagebutten-Marme-
lade, etwas Zimt
2 P Vanillinzucker

In die steifen Eiweiß schlägt man den Zucker, die geriebenen Mandeln oder Kokosflocken und die Hagebutten-Marmelade ein. Man würzt mit Zimt und Vanillinzucker und setzt kleine Häufchen davon auf ein gefettetes Blech oder auf Oblaten, die bei Mittelhitze 20–25 Minuten gebacken werden.

Hagebutten-Likör

500 g Hagebutten
$^1/_2$ l 98%iger Alkohol
200 g Zucker
1 P Vanillinzucker

Die Hagebutten sollen schon einen Reif oder Frost überdauert haben, damit sie weich sind; man kann sie aber auch unreif pflücken und nachreifen lassen. Sie werden von Blüte und Stiel befreit, in Stücke geschnitten und samt Kernen in ein großes Einmachglas gegeben. Man gießt den Alkohol darüber und stellt das Glas 4 Wochen an die Sonne oder in Ofennähe. Dann filtert man den gezogenen Saft durch und gibt die dicklich-gekochte Lösung aus dem Zucker und etwa $^1/_4$ l Wasser und nach Belieben noch etwas Vanillinzucker hinzu. Der Likör wird in Flaschen gefüllt und möglichst lange gelagert.

Hagebutten-Tee

Die getrockneten Schalen und Kerne der Hagebutten werden eingeweicht und etwa 20 Minuten durchgekocht. Der Tee hat einen zarten, vanilleähnlichen Duft und schmeckt recht angenehm. Er wird gegen rheumatische wie auch gegen Nieren- und Blasenleiden sowie gegen Magenbeschwerden genommen und ist auch sonst durststillend und beruhigend.

Haselnuß

Corylus avellana

Kennzeichen
An dem 2–6 m hohen Strauch erscheinen die Blüten vor den Blättern. Die weiblichen Blüten sind unscheinbar, die männlichen dagegen bilden lange, hängende Kätzchen. Die eiförmig spitzen Blätter sind doppelt gezähnt. Die hartschalige, braune Nuß sitzt in einer unregelmäßig geschlitzten Hülle.

Standort
Waldränder, Gebüsch, Lichtungen, Gärten.

Ernte
Herbst.

Verwertung
Die aufgeschlagenen Kerne (Nüsse) zum Rohessen, zum Backen, Kochen und zur Ölgewinnung. Sie besitzen 50–60% Öl.

Vorbereitung

Die Nüsse müssen völlig ausgereift sein, sonst verschrumpeln sie und es bleibt nur eine kleine zähe Nuß mit viel brauner Schale. Man muß auch darauf achten, daß die Nüsse möglichst trocken liegen, sonst verschimmeln sie.
Zum Schälen werden die aufgeknackten gut durchgehitzten Nüsse nur zwischen den Händen gerieben, dann springt die Haut von selbst leicht ab. Geröstete Haselnüsse sind aromatischer als roh verwendete. Sie dürfen aber nicht zu dunkel werden, sonst schmecken sie bitter.

Gebrannte Haselnüsse

*Reife, große Haselnüsse
Zucker, Vanillinzucker
Zimt*

Große, sauber verlesene Nüsse werden in der Röhre leicht erhitzt, aber nicht gebräunt! Man läßt für etwa 500 g Nüsse 500 g Zucker ohne Wasser honigbraun schmelzen; dabei muß gut umgerührt werden und der Zucker darf nicht zu dunkel brennen. Man rührt Vanillinzucker und Zimt sowie die Nüsse ein; der Zucker muß dabei rings um die Nüsse ankleben. Wenn er schon etwas bröcklig geworden ist und die Nüsse ihn nicht mehr annehmen, gibt man etwas Wasser daran und kocht den Zucker neuerdings dick. Die Nüsse werden, solange sie noch heiß sind, voneinander gelöst und trocken aufbewahrt, – falls man sie nicht gleich vernascht.

Himbeer-Kompott ▷
Grundrezept auf Seite 98
Preiselbeeren in Rotwein
Rezept auf Seite 66
Omelette mit Pilzfülle
Rezept auf Seite 179

Süße Haselnuß-Fülle

50 g Haselnüsse, 1–2 Eier
80 g Zucker, 20 g Zitronat
1 Gläschen Arrak oder
Rum, Vanillinzucker oder
Zimt, Muskat

Die Nüsse werden geröstet, geschält und durchgedreht. Man gibt die Eier, den Zucker und das sehr klein geschnittene Zitronat, etwas Vanillinzucker oder Zitronensaft, den Rum oder Arrak und eine winzige Prise Muskat hinzu. Die Fülle wird gut durchgerührt und dann rezeptgemäß verwendet. Für Kuchen, Törtchen und dergleichen.

Pikante Haselnuß-Fülle

50–80 g Haselnüsse
30–50 g Brösel, 1–2 Eier
30 g Butter, etwas Zwiebel
Petersilie, Salz, Pfeffer
Paprika

Butter, Eier, die gehackte Zwiebel und die Gewürze werden gerührt. Man gibt die Nüsse und soviel Brösel dazu, daß eine zarte Masse entsteht, die noch quellen kann. Sie wird sehr pikant mit etwas Fleischextrakt nachgewürzt. Das Gemisch verwendet man zum Füllen von Geflügel, Wildgeflügel und Braten.

Haselnuß-Creme

100–150 g Haselnüsse
¹/₂ l Milch, 150 g Zucker
6 Blatt Gelatine
1 Becher Schlagrahm
etwas Schokolade

Die Haselnüsse werden geröstet, geschält und fein aufgerieben. Man kocht sie in der Milch auf, läßt sie eine halbe Stunde ziehen und auskühlen. Dann gibt man den Zucker und die aufgelöste Gelatine, nach Belieben auch etwas Rum oder Grand Marnier, Zitronensaft oder Vanillinzucker dazu. Kurz bevor die Masse dickt, fügt man den steifen Schlagrahm darunter und überstreut die Creme mit geriebenen Nüssen und Schokolade.

Haselnuß-Konfekt

250 g Haselnüsse
250 g Zucker
3 große oder 4 kleine
Eiweiß, Oblaten
etwas Schokolade

Die Eiweiß werden sehr steif geschlagen; unter Weiterschlagen gibt man den möglichst feinen Zucker und dann die gerösteten, geschälten und aufgeriebenen Haselnüsse darunter. Man kann noch mit Vanillinzucker oder Zitrone, mit Zimt oder Ingwerpulver würzen. Von dieser Masse setzt man kleine, runde Häufchen auf Oblaten und bäckt sie auf einem mit Wachs bestrichenen Blech bei gelinder Wärme gar. Zuletzt gibt man auf jedes Makrönchen einen Tupfen geschmolzene Schokolade.

Heidel-beere

Vaccinium myrtillus

Blau-, Schwarz-, Wald-, Pick- oder Bickbeere, Beesinge, Besinde, Aigelbeere

Kennzeichen
Der 15–50 cm hohe Zwergstrauch ist reich verzweigt. Die harten Blätter sind länglich-eiförmig. Die grünlich-rötlich überlaufenen Blüten sitzen einzeln in den Blattachseln. Die kugelige, 5–8 mm große Frucht ist blauschwarz, der Saft kräftig dunkelrot.

Heidelbeeren trocknen

Getrocknete Heidelbeeren sind ein ausgezeichnetes Mittel gegen Durchfall, besonders bei Kindern. Man legt die verlesenen, reifen Beeren auf einen Drahtrost und wendet sie häufig, während sie langsam bei milder Wärme oder in der Sonne trocknen. Man gibt jeweils 1–2 EL davon mit einem Glas Wasser.

Heidelbeeren sterilisieren

Man gibt die Beeren roh in Gläser und gießt stark eingekochtes Zuckerwasser darüber, das nach Belieben mit Orangensaft, etwas geriebener Orangenschale oder Vanillinzucker und Rotwein gewürzt wurde und sterilisiert 30 Minuten bei 80° C in Gläsern oder in innen gelb lackierten Dosen unter Wasser liegend nur leise ziehend.

Heidelbeeren einfrieren

Die rohen verlesenen Beeren werden trocken, mit (oder ohne) Zucker durchstreut, in Plastiktüten oder Becher gefüllt und eingefroren.

Heidelbeer-Vollfrucht

Heidelbeeren, Zucker nach Bedarf

Eine beliebige Menge rohe Heidelbeeren wird sehr sauber verlesen. Die Früchte müssen gut reif, aber noch nicht vertrocknet sein. Man wäscht sie durch und kocht sie, knapp mit Wasser bedeckt, so weich, daß man sie durch ein Sieb treiben kann. Dann füllt man das Mark, nach Belieben gezuckert, in Flaschen oder Gläser und sterilisiert 30 Minuten bei 80° C oder friert es ein.

Hochwälder, Lichtungen, insbesondere in höheren Lagen massenhaft.

Erntezeit
Juli bis Oktober, je nach Höhenlage. Erst nach Eintritt völliger Reife sollen die Beeren in größerem Umfang gesammelt werden. Den Zeitpunkt, von dem an das Kämmen erlaubt ist, geben die Behörden bekannt. Erst wenn die Früchte dunkel bis blauschwarz und weich sind, haben sie ihre volle Süße und ein kräftiges Aroma.

Verwertung
Rohgenuß, Saft, Marmelade, Mus, Kompott, Wein, Likör.

Diese Vollfrucht ist besonders als Heilmittel bei Durchfall und Blähungen und anderen Magenbeschwerden zu empfehlen. Zudem wirkt die Vollfrucht appetitanregend und gilt als besondere Aufbaukost bei Kindern. Man kann das Mark natürlich auch zum Verfeinern von Mehlspeisen jeglicher Art, zum Übergießen von Fruchtsalaten, Puddings und dergleichen verwenden.

Heidelbeeren Waldmägdelein

*Heidelbeeren, Zucker
1 Portion Vanille-Eis
Vanillesoße, Rum*

Die verlesenen, gut gekühlten Beeren werden gezuckert und mit dem gewürfelten Vanille-Eis in eine Schale gefüllt. Man reicht eine mit Rum kräftig abgeschmeckte, kalt angerührte Vanillesoße dazu.

Rohe Heidelbeer-Schichtspeise

*1 P Sahnepudding
80–100 g Pumpernickel
Zucker, Zimt, Heidelbeeren, 1 Becher Schlagrahm, Vanillinzucker*

Der frischgekochte Sahnepudding wird nach Belieben mit Rum oder Weinbrand abgeschmeckt. Er wird mit rohen, gezuckerten Heidelbeeren und dem geriebenen Pumpernickel, Zucker und Zimt in mehreren Lagen in eine Schale geschichtet; obenauf setzt man eine Haube vanillierten Schlagrahm

Heidelbeer-Nachtisch mit Haselnuß

*1 P Vanille- oder
Sahnepudding, 1 Ei
1/2 l Milch
250 g Heidelbeeren
2–3 EL Haselnüsse
Zucker, Vanillesoße oder
1 Becher Schlagrahm*

Den Pudding kocht man nach Vorschrift, gibt einen Eidotter, den steifen Eischnee und die gemahlenen Nüsse darunter, füllt die Masse in eine Form und schneidet sie nach dem Erstarren in kleine Würfel. Diese gibt man mit den durchgezuckerten Heidelbeeren in eine Schale. Man reicht eine gut gesüßte Vanillesoße oder steifen Schlagrahm dazu.

Rohe Heidelbeer-Kaltschale

500–750 g Heidelbeeren
1 l Milch, Zucker
1–2 P Vanillinzucker
etwas Zwieback oder
Mandelmakrönchen

Die Heidelbeeren werden verlesen, gewaschen und abgetropft. Man zuckert sie ihrem Reifezustand entsprechend und läßt sie eine Weile kühl saften. Dann gießt man die vanillierte Milch darüber und garniert die in Schälchen verteilte Fruchtspeise mit Zwiebackstückchen oder Makrönchen.

Heidelbeer-Kompott

Etwa 500 g Heidelbeeren
150 g Zucker, 1 Orange
etwas Rotwein

Die reifen, gut verlesenen Heidelbeeren werden rasch gewaschen, abgetropft und mit reichlich Zuckerwasser einmal aufgekocht. Man fügt etwas geriebene, ungespritzte Orangenschale, ½ Tasse Orangensaft und nach Belieben auch noch etwas Rotwein hinzu.

Heidelbeer-Suppe

500 g Heidelbeeren
etliche Pflaumen
1 Stück Orangenschale
½ Zitrone, etwas Zimt
½ Tasse Sago oder
1 EL Mondamin

Die Heidelbeeren werden mit Wasser bedeckt und mit den klein geschnittenen Pflaumen weichgekocht. Man würzt mit geriebener (ungespritzter) Orangenschale oder feingehacktem Orangeat, etwas Zitronensaft und Zimt und dickt die Suppe mit Sago oder mit angerührtem Mondamin ein. Zuletzt gibt man Makrönchen oder Semmelwürfel oder Stückchen von Zwieback hinein. Die Suppe kann warm oder kalt aufgetragen werden.

Heidelbeer-Sülze

Etwa 300 g Heidelbeeren
½ l Wasser und Zucker
oder ½ l Heidelbeerkompott
6–7 Blatt Gelatine
1 Becher Schlagrahm
3–4 EL grobe Mandelsplitter

Die Heidelbeeren werden in Wasser mit genügend Zucker aufgekocht. Man mißt genau ½ Liter davon ab, würzt nach Belieben noch mit Vanillinzucker oder etwas Zitronensaft oder 1 Likörglas Rum und fügt die aufgelöste Gelatine darunter. Die Masse wird in eine glattrunde Schüssel oder Ringform gefüllt und nach dem Erstarren gestürzt. Man garniert entweder in der Mitte oder außenherum mit steifem Schlagrahm und steckt in die Sülze dicht nebeneinander lange Mandelsplitter.

Heidelbeer-Soße

500 g Heidelbeeren
2–3 EL Zucker
½ Zitrone, 1 EL Butter
1 EL Mehl oder
1 P Vanillesoße

Aus Butter und Mehl bereitet man eine Schwitze oder aus Milch und Soßenpulver einen kleinen Brei und rührt den Saft der eingezuckerten Heidelbeeren sowie etwas Wasser darunter. Dann gibt man den Zucker, den Saft und die feingeriebene Schale der Zitrone und die übrigen Heidelbeeren dazu. Man kocht die Soße dicklich, rührt noch einmal nach Belieben ein Stückchen Butter hinein und serviert sie heiß zu Mehlspeisen.

Heidelbeer-Gelee

1¹/₄ l (1250 g) Heidelbeersaft, 1750 g Zucker
1 Normalflasche
Opekta 2000

Den Heidelbeersaft erhitzt man kurz mit dem Zucker und gibt, sobald die Masse aufzukochen beginnt, das Opekta daran. Das Gelee wird nochmals gut durchgerührt, brausend durchgekocht und heiß in Gläser gegeben und verschlossen.

Einfache Heidelbeer-Marmelade

1 kg Heidelbeeren
1 kg Zucker

Möglichst reife Heidelbeeren werden grob zerdrückt und aufgekocht. Man gibt die gleiche Menge Zucker daran und läßt nun die Masse langsam und unter Rühren leise dickköcheln. Sie ergibt einen sehr guten Brotaufstrich, hält sich aber nicht allzulange, denn die Frucht ist wässerig.

Heidelbeer-Konfitüre

2 kg Heidelbeeren
2 kg Zucker
1 Normalflasche
Opekta 2000

Die gut verlesenen, gewaschenen und abgetropften Heidelbeeren werden mit dem Zucker verrührt und sofort zum Kochen gebracht. Nach 10 Minuten Kochzeit fügt man das Opekta hinzu, läßt die Marmelade nochmals kurz aufwallen und füllt sie heiß in Gläser, die sofort verschlossen werden.

Heidelbeer-Marmelade für Diabetiker

250 g Heidelbeerbrei
250 g Diabetiker-Zucker
2¹/₂ EL Opekta

Den Heidelbeerbrei und den Diabetiker-Zucker bringt man zum Kochen und gibt nach etwa 4 Minuten das Opekta daran. Nach nochmaligem, kurzen Aufwallen ist die Marmelade fertig und einfüllbereit.

Heidelbeer-Eis

¹/₄ l Heidelbeer-Vollfrucht
(Seite 36), 2–3 EL Zucker
¹/₄ l Schlagrahm

Die Heidelbeer-Vollfrucht wird sehr kalt gestellt, dann reichlich gesüßt und mit dem kalten, steifgeschlagenem Schlagrahm vereint, in die Eislade gefüllt und gefroren. Dazu kalte Vanillesoße oder vanillierter Schlagrahm.

Bayrischer Heidelbeer-Datschi

Etwa 250 g Mehl
3–4 Eier, ¹/₄ l Milch
Salz, 500 g Heidelbeeren
Zucker, reichlich Backfett

Mehl, Milch, die Eidotter, den Eischnee, Salz und etwas Zucker rührt man zu einem ziemlich flüssigen Eierkuchenteig an und gießt ihn in eine Pfanne mit reichlich und recht heiß gemachtem Fett. Der Teig muß beim Eingießen zischen. Darauf streut man dicht die durchgezuckerten Heidelbeeren und bäckt den Datschi sofort bei großer Hitze goldbraun. Er wird noch heiß in Stücke geschnitten, nachträglich nochmals dick gezuckert und heiß serviert.

Heidelbeer-Turm

1 Tasse Mehl, 3 Eier
etwas Salz, 2–3 EL Milch
Backfett, 500 g Heidel-
beeren, Zucker
Vanillesoße

Aus Mehl, den Eidottern, Salz, etwas Milch, Zucker und dem steifen
Eischnee bereitet man einen Eierkuchenteig, aus dem man mehrere schau-
mige Omeletts bäckt. Sie werden jeweils mit einer Schicht gut durchgezuk-
kerter Heidelbeeren aufeinandergesetzt. Obenauf streut man etwas Zucker
und gibt eine Schicht Heidelbeeren darauf. Über das Ganze gießt man eine
heiße dicke Vanillesoße und streut noch einmal gezuckerte Heidelbeeren
darüber.

Heidelbeer- oder Himbeer-Krapfen

Etwa 250 g Mehl
2–3 Eier, Salz, ½ Zitrone
2 Gläschen Himbeergeist
oder Rum, Milch
1 TL Backpulver
500 g Heidelbeeren oder
Himbeeren, Backfett
Zucker, Vanillesoße

Aus Mehl, Eiern, Salz, Zitronensaft, Himbeergeist oder Rum, ein wenig
Milch und etwas Backpulver verschlägt man einen dicklich-zähen Teig und
gibt eine Schale voll Heidelbeeren oder Himbeeren darunter. Daraus sticht
man mit einem immer wieder in Wasser getauchten Eßlöffel kleine Nocken,
die man in genügend und heißem Fett in der Pfanne beiderseits goldgelb
bäckt. Zuletzt streut man Zucker darüber oder gibt eine Vanillesoße dazu.

Heidelbeer-Karos

250 g Mehl, 125 g Butter
80 g Zucker für den
Teig, 3–4 Eier
1 P Vanillinzucker
1 TL Backpulver
500–750 g Heidelbeeren
140 g Zucker für den
Eischnee

Aus Mehl, Butterflöckchen, Zucker, den Eidottern, etwas Backpulver und
Vanillinzucker bereitet man einen Mürbteig, den man dünn auswellt und
auf ein gefettetes Randblech legt. In der Zwischenzeit hat man die Heidelbeeren gut eingezuckert und leicht warm gestellt. Man tropft sie gut ab und
verteilt sie auf den Kuchenboden. Nun schlägt man die Eiweiß von insge-
samt 3 Eiern steif und gibt unter Weiterschlagen langsam den Zucker und
den Heidelbeersaft darunter, so daß die Masse schön rosa wird. Man
streicht sie über die Heidelbeeren, streut noch ganz dünn Zucker darüber
und bäckt dann den Kuchen bei guter Hitze. Er wird zu Karos geschnitten
und möglichst rasch serviert, sonst saftet er leicht aus.

Heidelbeer-Likör

500 g Heidelbeeren
500 g Zucker, etwas Zimt
oder Orangenschale
¾ l 98%iger Alkohol

Die Heidelbeeren werden zerdrückt, mit dem Zucker durchgerührt und mit
einem Stück Zimtrinde oder ungespritzter Orangenschale in ein großes
Gefäß gegeben. Man gießt den hochprozentigen Alkohol darüber und stellt
den Ansatz wenigstens 14 Tage an die Sonne oder in Ofennähe. Der dann
abgegossene, auf Flaschen gezogene Likör sollte möglichst lange stehen;
dadurch gewinnt er an Völle.

Heidelbeer-Raindling

5–6 Semmeln, 1 Schale Heidelbeeren, 3–4 EL Zucker, 2–3 Eeier 1–2 EL Mehl, Salz Muskat, Vanillinzucker etwas Butter, ¹/₄ l Milch

In eine feuerfeste Form, die gut ausgebuttert ist, gibt man eine Schicht Semmelscheiben, darauf eine dicke Lage durchgezuckerte, frische Heidelbeeren und nochmals Semmelscheiben. Dann verquirlt man die Eier mit der Milch und dem Mehl, würzt mit Zucker, Salz, Muskat und gießt dies über die Brotscheiben. Dann setzt man Butterflöckchen obenauf und bäckt den Auflauf in der Röhre goldbraun.

Heidelbeer-Nocken

250 g Heidelbeeren 250 g Mehl ¹/₂ P Backpulver 1–2 Eier, etwas Salz 1 P Vanillinzucker etwas Milch, Backfett

An das Mehl gibt man die Eier, Salz, Vanillinzucker und die Heidelbeeren und gießt so viel kochendheiße Milch dazu, daß unter stetem Rühren ein dicklicher Teig entsteht. Man läßt ihn kurz quellen und sticht dann mit einem Löffel Nocken aus, die in genügend Fett auf der Pfanne beiderseits goldbraun ausgebacken werden. Man überstreut sie mit Zucker oder nach Belieben mit Zimt-Zucker und gibt eine Vanillesoße dazu.

Gedeckter Heidelbeer-Kuchen

400 g Mehl 1 P Backpulver 1 P Vanillinzucker 180 g Zucker, 175 g Butter, 2 Eier, Salz 500 g Heidelbeeren Zucker, etwas Puderzucker

Mehl, Backpulver, Vanillinzucker, Zucker und Butter verknetet man zu einem mürben Teig, der leicht gesalzen und nach Belieben mit etwas Zimt gewürzt wird. Die Hälfte des Teiges wellt man aus und legt ihn mit Rand in eine gut gefettete Springform. Darauf kommen die durchgezuckerten Heidelbeeren. Dann verkrümelt man den Rest des Teiges locker und streut ihn über die Beeren. Der Kuchen wird bei Mittelhitze goldbraun gebacken und noch warm mit Puderzucker überstreut.

Himbeere

Rubus idaeus

Hohlbeere, Mollbeere,
Hindelbeere, Rote Brombeere,
Honigbeere

Kennzeichen
Der 60–100 cm hohe Strauch hat
feinstachelige, aufrecht-überhän-
gende Stengel. Die hellgrünen, an
der Unterseite weißlich behaarten
Blätter sind 3- bis 7zählig, die Teilblättchen gezähnt. Die weißen Blüten sind unscheinbar. Die rote »Beere« ist, wie die Brombeere, eine
Sammelfrucht, die sich aus Teil-
früchten zusammensetzt und sich

Himbeer-Mark

Weniger ansehnliche Himbeeren oder solche, die schon zerdrückt sind und
gesaftet haben, werden mit wenig Wasser bedeckt lauwarm gestellt, wodurch alle Würmchen nach oben wandern und dann leicht abzulesen sind.
Das Mark wird nach Belieben roh oder nach dem Aufkochen der Masse
durchgedrückt.

Rohes Himbeer-Mark

500 g Himbeeren
Zucker nach Bedarf
1–2 Gläschen
Himbeergeist
oder etwas Zitronensaft

Unansehnliche, verlesene Früchte werden zerdrückt, roh durch ein Sieb
gestrichen und nach Bedarf gesüßt. Man rührt mit einem Schneebesen gut
durch und würzt mit dem Himbeergeist oder mit einem Fruchtlikör oder mit
Zitrone. Das Mark wird zum Übergießen von Süß- und Eisspeisen oder
zum Füllen von Omeletts und dergleichen verwendet. Man kann es auch in
Joghurt-Bechern oder dergleichen einfrieren, um es nach dem Auftauen als
köstlich duftendes Rohmark das ganze Jahr über zu verwenden.

Eingekochtes Himbeer-Mark

Weniger ansehnliche Himbeeren werden wie im voranstehenden Rezept
durchgedrückt. Zweckmäßig kocht man die Beeren dazu vorher mit etwas
Wasser kurz auf und süßt nach Bedarf. Das Mark wird in Gläsern 30 Minuten bei 85° C sterilisiert.

nach der Reife leicht vom Blütenboden lösen läßt. Himbeeren enthalten reichlich Vitamin C.

Standort
Waldlichtungen, Waldränder, sonnige Halden, Zäune.

Erntezeit
Juli/August.

Verwertung
Rohgenuß, Saft, Marmelade, Mus, Kompott, Wein, Likör usw.
Die Blätter geben einen guten Haustee oder lassen sich unter andere Teesorten mischen.

Himbeer-Saft, Himbeer-Sirup

1 Schale Himbeeren
Zucker

Himbeersaft läßt sich auf drei verschiedene Arten zubereiten: die einfachste ist das *Dampfentsaften*. Der so gewonnene, heiße Saft (siehe auch Seite 86) wird direkt von der Kochstelle aus randvoll in vorgehitzte, heiße Flaschen (z. B. Mineralwasserflaschen) gefüllt und sofort mit sauber desinfizierten Schraubdeckeln verschlossen.
Gekochter Saft. Dazu werden die Beeren, knapp mit Wasser bedeckt, gekocht und unter leichtem Druck abgesiebt. Man kann den Rückstand nochmals mit etwas Wasser aufkochen und erneut auspressen. Den Saft süßt man nach Geschmack und füllt ihn heiß in heiße Flaschen wie den dampfentsafteten oder man füllt ihn in Gläser oder passende Verschlußflaschen und sterilisiert ihn 30 Minuten bei 85° C.
Nach Großmutters Art werden die Beeren in einem weiten Geschirr 3–5 Tage kühlgestellt, bis sie anfangen zu saften und Schimmel zu bekommen. Der Schimmel sprengt die Zellen und gibt den Saft besser frei. Er ist völlig harmlos. Nun läßt man die zerdrückten Beeren abtropfen und gibt auf 1 Liter gewonnenen Saft 200–300 g Zucker und kocht den Saft einige Minuten brausend durch. Dieser nicht allzu dick eingekochte Saft wird kochend heiß in heißgemachte Flaschen randvoll gefüllt und sofort mit passenden Schraub- oder Twist-Off-Deckeln verschlossen. Man kann den Saft auch so lange einkochen, bis er ölig dick, also sirupartig, ist und dann kalt in Flaschen einfüllen; er hält sich monatelang. Weniger stark gesüßten Saft, der nur kurz gekocht ist, muß man in Flaschen füllen und 30 Minuten bei 85° C sterilisieren.

Himbeer-Sorbet

1–2 Portionen Himbeereis
500 g Waldhimbeeren
250 g Puderzucker
1 Flasche Süßmost
1 Zitrone
2 Flaschen Sodawasser
oder 1 Flasche Sekt

Die gereinigten Himbeeren werden mit Puderzucker gemixt oder durch ein Sieb gedrückt, in einen großen Krug gegeben und mit dem Saft einer Zitrone und dem Süßmost unter Rühren langsam aufgegossen. Man gibt das Eis und kurz vor Gebrauch das Sodawasser oder den Sekt dazu. Der Sorbet wird in Limonadengläsern mit Saughalmen serviert.

Brandy Daisy

1 Eiswürfel
1 Glas Weinbrand
¹/₂ Glas Himbeersirup
Saft von ¹/₂ Zitrone
Saft von ¹/₂ Orange
Sodawasser

Die Zutaten werden mit einigen Eiswürfeln im Mischbecher gut durchgeschüttelt, in ein Daisy-Glas abgeseiht und mit Sodawasser aufgegossen.

Himbeer-Highball

2 EL Zitronen-
oder Berberitzensirup
2 EL Himbeersirup
2 Cocktailgläser Gin
Sodawasser, Eiswürfel

In 2–3 Ballongläser gibt man je 2 Eiswürfel, den Zitronen- oder (selbstgekochten) Berberitzensirup, den Himbeersirup, Rezept Seite 10 bzw. Seite 43, und den Gin. Man gießt mit Sodawasser auf.

Heißer Himbeerguß

Himbeeren und Zucker
oder Himbeerkompott
etwas Rum oder Himbeer-
geist oder Zitronensaft

Die gut verlesenen Himbeeren werden mit etwas Wasser und Zucker nach Geschmack kurz einmal aufgekocht; fertiges Kompott wird nur erhitzt. Man würzt es mit Himbeergeist oder mit Rum oder Zitronensaft und verwendet es heiß zum Übergießen von Eisspeisen.

Französische heiße Himbeer-Soße

1 Schale Himbeeren
3–4 EL Zucker
4 EL Pernod, Vanille-Eis

Der Zucker wird in einer Flambierpfanne honigbraun geschmolzen. Daran gibt man die durchgezuckerten Himbeeren, zuerst den Saft und dann die Beeren, und läßt alles noch knapp bis zum Aufkochen kommen. Nun gibt man den Pernod dazu, schüttelt den Pfanneninhalt gut durch und gießt diese Masse heiß über das angerichtete Vanille-Eis oder über Crepes und dergleichen Süßspeisen. Man kann den Pernod nach Belieben auch anzünden und die Speise flammend zu Tisch bringen.

Himbeer-Gelee

1250 g (1¹/₄ l) Himbeer-
saft, 1750 g Zucker

Der durch Auskochen der Beeren und Abtropfen gewonnene Himbeersaft wird mit Zucker und mit dem jedem Opekta beigepackten Citropekt unter Rühren erhitzt. Man läßt ihn kurz aufkochen und fügt das Opekta hinzu,

1 Normalflasche
Opekta 2000

läßt nochmals kurz brausend aufwallen und füllt das nunmehr schon fertige Gelee heiß in Gläser. Sie werden sofort mit Twist-Off-Deckeln oder mit Einmach-Cellophan verschlossen.

Himbeer-Berberitzen-Gelee

³/₃ l Himbeersaft
³/₄ l Berberitzensaft
2 kg Zucker
1 Normalflasche
Opekta 2000

Saft und Zucker werden unter Rühren erhitzt. Man gibt, sobald die Masse kocht, das Opekta dazu, läßt sie noch einmal brausend aufwallen und füllt sie sofort heiß in Gläser, die unmittelbar verschlossen werden. Anstelle von Berberitzensaft kann man auch Ebereschen- oder Johannisbeersaft verwenden.

Himbeer-Marmelade

2 kg Himbeeren
2¹/₂ kg Zucker
1 Normalflasche
Opekta 2000

Die gewaschenen, abgetropften, möglichst reifen Beeren werden grob zerdrückt, mit dem Zucker und der Zitronensäure (Citropekt, dem Opekta beigepackt) unter Rühren zum Kochen gebracht. Man rührt das Opekta hinzu, kocht kurz wallend auf und füllt die nun bereits fertige Marmelade noch heiß in heiße Gläser. Sie werden mit passenden Deckeln oder mit Einmach-Cellophan verschlossen.

Himbeer-Marmelade mit Himbeergeist

1625 g (3¹/₄ Pfund) Himbeeren, gereinigt gewogen
¹/₄ l Himbeergeist
2 ¹/₄ kg Zucker
5 g kristallisierte
Zitronensäure (Citropekt)
1 Normalflasche Opekta

Die Früchte werden verlesen, kurz gewaschen und gut abgetropft. Man wiegt die Himbeeren genau und zerdrückt sie mit einem Stampfer gut. Dann wird der Fruchtbrei mit dem Zucker und der kristallisierten Zitronensäure in einem ausreichend großen Kochtopf unter Rühren erhitzt. Sobald die Masse gut heiß ist, rührt man eine Normalflasche oder eine halbe Doppelflasche Opekta ein und läßt alles bis zum brausenden Aufwallen kommen. Der Topf wird von der Kochstelle genommen. Man rührt den Himbeergeist gut unter, füllt die Marmelade heiß in Gläser und verschließt sie sofort mit passenden Deckeln oder mit Einmach-Cellophan.

Himbeer-Apfelpaste

1 kg Himbeeren
1 kg Äpfel, 1750 g Zucker
20 g Citropekt
100 g Mandeln
2 P Vanillinzucker
je 1 Prise Muskat und
Ingwer
1 Normalflasche
Opekta 2000

Die Himbeeren und die Apfelschnitze werden gekocht und durchgedrückt. Man wiegt genau 1 kg dickliches Mark, gibt den Zucker, das Citropekt und nach gutem Durchkochen, wenn die Masse anfängt dicklich zu werden, das Opekta hinzu. Nun kocht man das Ganze nochmals durch, fügt die Gewürze und die feingeriebenen Mandeln daran und gießt dann die dickliche Pastenmasse auf Pergamentpapier etwa 1 cm hoch aus. Man läßt sie 1–2 Tage übertrocknen, stürzt sie auf Zucker und zieht das Papier ab. Wenn die Paste auch oben getrocknet ist, schneidet man gefällige Stückchen daraus und wendet sie in Zucker.

Russische Himbeer-Paste

500 g Himbeeren
500 g Zucker
7 EL Opekta 2000
10 g Citropekt
100 g geriebene Wal-
oder Haselnüsse
3 EL Wodka oder Rum

Die Himbeeren werden gut zerdrückt und mit dem Zucker und dem Citropekt vereinigt. Man kocht die Masse unter Rühren etwa 15 Minuten gut durch und fügt die Nüsse hinzu. Sobald die Masse erneut kocht, rührt man das Opekta ein, läßt nochmals gut durchkochen und rührt dabei gut. Dann zieht man den Topf vom Feuer, gibt den Wodka oder den Rum darunter und behandelt die Paste, wie bei Himbeer-Apfelpaste Seite 45 beschrieben.

Buchenauer Himbeeren

1 Haselnußpudding
1–2 Gläschen Himbeer-
geist, Himbeeren
Zucker, Vanillinzucker
Schlagrahm
Haselnüsse, Schokolade

Einen gekochten Haselnuß-Pudding schmeckt man mit Himbeergeist und Vanillinzucker würzig ab und verteilt ihn in Schälchen. Dazwischen oder obenauf gibt man reichlich gezuckerte, recht kalte Himbeeren und darauf etwas Schlagrahm, Haselnußspäne und geriebene Schokolade.

Rohe Himbeer-Sülze

1 Schale Himbeeren
etwas Tee oder Milch
6 Blatt Gelatine
Zucker, Vanillinzucker
Quark oder Schlagrahm

Gut verlesene Himbeeren werden zerdrückt und mit leichtem Tee oder Milch zu $1/2$ Liter Masse verdünnt. Man gibt die aufgelöste Gelatine und den Zucker sowie den Vanillinzucker darunter und füllt die Masse in eine Schale. Die Sülze wird nach Belieben gestürzt und mit gesüßtem Quark oder Schlagrahm verziert.

Himbeer-Crêpes

150–200 g Mehl, 2–3 Eier
Milch, Salz, Backfett
Himbeeren, Zucker
Grand Marnier oder
Weinbrand
Zitrone, Nüsse

Dünnen, eierreichen Eierkuchenteig bäckt man zu kleinen, dünnen Crêpes (Eierkuchen) aus und füllt sie mit einem leicht erhitzten Gemisch aus angewärmten Himbeeren oder Walderdbeeren, Zucker, Grand Marnier oder Weinbrand, Zitronensaft und Nußsplittern. Dann rollt oder faltet man die Crêpes, überzuckert sie stark und streut den Rest der Himbeeren darüber.

Himbeer-Krapfen

Etwa 200 g Mehl
2–3 Eier, etwas Salz
$1/2$ Zitrone
1–2 Likörgläser
Himbeergeist oder Rum
etwas Milch, 1 gestriche-
ner KL Backpulver
1 Schale Himbeeren
Backfett, Zucker

Mehl, Eier, Salz, Zitronensaft und Himbeergeist oder Rum sowie wenig Milch und das Backpulver schlägt man zu einem zähen, dicklichen Teig und gibt die Himbeeren (oder Heidelbeeren) darunter. Die Masse soll immer noch dicklich sein. Daraus sticht man mit einem immer wieder in Wasser getauchten Eßlöffel kleine Nocken ab, die man in genügend, recht heißem Fett in der Pfanne beiderseits goldgelb bäckt. Man kann die Küchel auch schwimmend in Fett ausbacken. Zuletzt überstreut man sie mit Zucker oder Zimt-Zucker und gibt nach Belieben eine gut süße Vanillesoße dazu.

Himbeer-Schnee

2 Eiweiß
200–250 g Puderzucker
1 Schale Himbeeren
Himbeergeist oder Vanillinzucker

Die steifen Eiweiß schlägt man mit dem Puderzucker und einer Schüssel voll Himbeeren oder reifen Walderdbeeren dickschaumig und würzt mit etwas Himbeergeist und Vanillinzucker.

Himbeer-Rahm

1/4 l Schlagrahm, Zucker
1–2 Likörgläser Grand Marnier, etwas Ingwer
Himbeeren oder Walderdbeeren

Den kalten Schlagrahm würzt man mit Zucker, dem Grand Marnier und etwas gehacktem, kandierten Ingwer und verschlägt eine Schale voll Himbeeren oder Walderdbeeren darin.

Himbeer-Milch

1/2 l Milch, 1/2 l Himbeeren oder Walderdbeeren
Zucker, Himbeergeist
Muskat, Eiswürfel

In einen Mischkrug oder in einen Schüttelbecher gibt man die Milch, die zerdrückten Himbeeren, den Zucker, den Himbeergeist und eine Spur Muskat. Man verquirlt das Ganze gut und serviert die Milch mit Eiswürfeln.

Noble Himbeer-Becher

Vanille-Eis, Himbeeren oder Erdbeeren, Schokolade, etwas Butter, Zucker

Gekauftes Vanille-Eis überstreut man dick mit möglichst kalten, gezuckerten Himbeeren und reicht geschmolzene, mit ein wenig Butter verdünnte, heiße Schokolade dazu.

Himbeeren mit Rum-Creme

Himbeeren oder Walderdbeeren, Vanillesoße
Rum oder Eierlikör

Kaltgestellte Himbeeren oder Walderdbeeren werden mit einer Vanillesoße serviert, die mit reichlich Rum abgeschmeckt wurde. An Stelle der Soße kann man auch Eierlikör darüber gießen.

Himbeer-Bavaroise

1/2 kg reife Wald-Himbeeren, 1/2 kg rote Johannisbeeren oder Berberitzen, 125 g Zucker
5–6 Blatt Gelatine
1/4–1/2 l Schlagrahm
etwas Zitronensaft oder
1 P Vanillinzucker

Die gut verlesenen, möglichst reifen Himbeeren werden durch ein Sieb gestrichen. Man gibt das gekochte, durchgestrichene, dickliche Johannisbeer- oder Berberitzenmark darunter und süßt den Brei entsprechend. Man kann etwas Zitronensaft oder Vanillinzucker hinzufügen. Nun löst man die Gelatine in ganz wenig heißem Wasser auf und rührt sie restlos unter das Fruchtmark, das noch leicht gerührt wird. Wenn es zu stocken beginnt, gibt man den steifgeschlagenen Schlagrahm darunter und füllt die Masse in eine Schale. Man garniert mit Biskuits oder mit Raspelschokolade oder mit Makrönchen oder mit gespritztem Schlagrahm und setzt noch einige schöne Himbeeren hinein.

Himbeer-Rahm-Eis 1

¹/₄ l Schlagrahm
1–2 P Vanillinzucker
1 Schale Himbeeren
Zucker, 1–2 Likörgläser
Rum

An den steifen Schlagrahm gibt man den Vanillinzucker, den Zucker und etwas Rum sowie eine Schale voll halbzerdrückte, leicht durchgezuckerte Himbeeren. Man gefriert die Masse im Eiswürfelfach des Kühlschrankes. Über das angerichtete Eis streut man Himbeeren oder Mandelsplitter oder Krokant.

Himbeer-Rahm-Eis 2

1¹/₂–2 l Himbeeren
Sirup aus ¹/₂ kg Zucker
und ¹/₄ l Wasser
¹/₄ l Madeira oder
Rheinwein
¹/₂ l Schlagrahm

Die möglichst reifen Himbeeren streicht man roh durch ein Haarsieb und fügt den mit dem Wasser dick gekochten, erkalteten Zuckersirup sowie den Madeira oder Rheinwein hinzu. Die Masse wird nach Belieben noch mit etwas rotem Johannisbeersaft aufgefärbt. Dann läßt man alles gut erkalten, fügt den steifen Schlagrahm darunter und verteilt die Masse in Eisgefäße des Gefrierschranks oder in eine Eismaschine. Eismasse ohne Schlagrahm muß gerührt werden; mit Schlagrahm genügt es, sie in den Eisschalen zu gefrieren.

Himbeer-Schäumchen

1 Eiweiß, 100 g Zucker
etwas Zitronenschale
1 TL Stärkemehl
2–3 EL Himbeer-
marmelade, Oblaten

Zuerst schlägt man das Eiweiß mit dem möglichst feinen Zucker und etwas geriebener Zitronenschale sehr steif und gibt unter Weiterschlagen das Stärkemehl darunter. Dann bestreicht man die Oblaten möglichst dick mit fester Himbeermarmelade, überzieht sie mit dem Schaum und bäckt sie auf einem gefetteten Blech bei mässiger Hitze langsam lichtgelb.

Schnelle Himbeer-Törtchen

Sandkuchen, Butter
Marmelade oder Gelee
Himbeeren, Zucker
Schlagrahm

Schnitten von einem Sandkuchen oder große Kekse werden mit Butter oder Marmelade oder mit Gelee bestrichen. Man türmt gezuckerte Himbeeren, auch vermischt mit Erdbeeren oder Brombeeren, darauf und garniert mit gesüßtem Schlagrahm.

Schöne Himbeer-Törtchen

250 g Mehl
1 KL Backpulver
100 g Butter, 1 Ei
60 g Zucker, ¹/₂ Zitrone
¹/₂ Vanillepudding
1 Schale Himbeeren
Mandelstifte, Puderzucker

Aus Mehl und Backpulver, Butterflöckchen, Ei, Zucker, etwas Zitronensaft und geriebener -schale sowie Salz bereitet man einen zarten Mürbteig. Er wird nach kurzem kühlen Ruhen ausgewellt und entweder in Törtchenformen gefüllt oder zu runden Törtchen ausgestochen und mit einem dünn gewellten Rand versehen und lichtgelb ausgebacken. Dann gießt man etwas frischgekochten, heißen Vanillepudding ein und füllt reichlich, leicht gezuckerte Himbeeren darauf. Dazwischen steckt man Mandelstifte und überzuckert die Törtchen.

Himbeer-Kuchen

Kuchenplatte, gebacken
$^1/_2$ Mandelpudding
Himbeeren, Zucker

Auf eine fertige Kuchenunterlage gießt man gut die Hälfte von einem noch heißen Mandelpudding und füllt durchgezuckerte Himbeeren oder recht reife Walderdbeeren oder Brombeeren hinein. Man kann auch noch einen Geleeguß darüberziehen und mit Schlagrahm garnieren.

Himbeer-Torte

150 g Butter,
200 g Zucker
3 Eier, 250 g Mehl
$^1/_2$ P Backpulver
50 g Stärkemehl
1 EL Rum, $^1/_2$ Zitrone
Salz, 1–2 EL Milch
oder Joghurt, 200 g
Puderzucker, 2 EL Rum
1–2 EL Kokosfett
Mandelsplitter
500 g Himbeeren

Butter, Zucker, Eier und Salz werden gut gerührt. Man gibt das mit dem Backpulver gemischte Mehl und das Stärkemehl, den Rum, Saft und Schale der Zitrone, etwas Salz und die Milch dazu. Der Teig wird in eine nur am Boden gefettete Springform gefüllt und 50–60 Minuten bei Mittelhitze ausgebacken. Nach dem Erkalten schneidet man die Torte 2–3mal durch und füllt sie dick mit frischgekochter Himbeermarmelade oder mit rasch dick eingekochtem Himbeermus. Dann setzt man sie wieder zusammen und überzieht sie mit einem dicken Guß aus Puderzucker, Rum und erwärmtem Kokosfett, streut seitlich Mandelsplitter darauf und setzt eine Kranz von besonders schönen Himbeeren hinein.

Himbeer-Schaumtorte

1 Packung Tiefkühl-
Blätterteig
500 g Himbeeren
4 EL Zucker
5 Blatt Gelatine
$^1/_4$ l Schlagrahm

Der kurz aufgetaute Blätterteig wird ausgewellt und mit einem Rand in eine naßgemachte, nicht gefettete Springform gelegt. Man bäckt ihn blond aus. Inzwischen nimmt man von den Himbeeren ein Schälchen voll besonders schöne weg und streicht den Rest durch ein Sieb. Darunter rührt man den Zucker und die mit wenig heißem Wasser restlos aufgelöste Gelatine. Sobald die Masse leicht zu steifen beginnt, hebt man den festgeschlagenen Schlagrahm darunter und überzieht die Torte dick mit diesem Himbeerschaum. Er kann nach Belieben auch noch mit einem Gläschen Himbeergeist und 1 Päckchen Vanillinzucker gewürzt sein. Die Torte wird mit den schönen, leicht eingezuckerten Himbeeren garniert und gut kalt gestellt, damit der Himbeerschaum schnittfähig ist.

Schwarzer Holunder

Sambucus nigra

Holder, Holler, Flieder

Kennzeichen
Der weitverbreitete Strauch wird 3–7 m hoch; seine Stengel enthalten weißes Mark. Die starkriechenden, creme-weißen Blüten stehen in Doldenrispen, die an Schirme erinnern. Die gefiederten Blätter setzen sich aus meist 5 eiförmigen, gezähnten Teilblättern zusammen. Die Blätter duften aromatisch. Die saftigen Beeren sind schwarz.

Holunder-Milch

6–8 Holunderblüten
¹/₂ l Milch, Zucker

Die Blütchen werden sorgfältig von den Stielen geschnitten, ausgeschüttelt und in einem Topf mit heißer Milch übergossen. Man läßt sie etwa 10 Minuten ziehen, siebt sie dann ab und süßt sie nach Belieben. Man kann diese Milch heiß oder kalt anbieten.

Holunderblüten-Suppe mit Schneenocken

6–8 Holunderblüten
¹/₂ l Milch, Zucker
2–3 Eier, etwas Zimt

Die Holunderblüten werden gut ausgeschüttelt und in der Milch einige Minuten durchgekocht. Man siebt sie ab, würzt die Milch mit Zucker und etwas Salz und gibt die versprudelten Eidotter hinein. Die Milch wird dann in eine vorgeheizte Deckelterrine gegeben; man setzt aus dem geschlagenen und leicht gesüßten Eischnee kleine Nocken obenauf, streut Zimt darüber und deckt die Terrine rasch zu, damit die Schneeklößchen im Dampf noch gar werden können. Nach Belieben kann man die Suppe warm oder kalt servieren.

Geeister Holunder-Milch-Drink

Kalte Milch, einige
Holunderblütendolden
etwas Zucker, Eiswürfel
Weinbrand

Die gut gekühlte Milch wird mit den sauber abgeschüttelten Blütchen verrührt und eine Weile kaltgestellt oder mit Eiswürfeln versehen. Man gibt zuletzt noch etwas Weinbrand dazu.

Sanddorn-Saft ▷
Rezept auf Seite 74
Holunder-Kaltschale
Rezept auf Seite 56

Standort
Garten, Zäune, Schuttplätze, Wegränder, Wald, Weiden usw.

Erntezeit
Blüten Mai/Juni; Früchte August und September.

Verwertung
Blüten zu Backwerk, als Aromaträger zu Limonaden; Holunderblüten kann man frisch oder getrocknet, wie Vanilleschoten, zum Aromatisieren von Getränken und Speisen verwenden. Beeren zu Saft, Gelee, Marmelade, Kompott, Likör und Wein, Blätter zu Tee. Wurzeln und Rinde in der Medizin.

Holler-Sekt

*15 l Wasser, 2 Zitronen
1750 g Zucker, 1 Tasse
Essig, 6–8 Hollerblüten*

Die in Scheiben geschnittenen, ungespritzten Zitronen werden mit dem Zucker und dem Essig in das Wasser gegeben und gut verrührt. Dann füllt man die Flüssigkeit in eine große Ballonflasche und gibt die ausgeschüttelten, vollerblühten Holler-Dolden hinein. Diese Flasche stellt man nun 14 Tage an die Sonne, filtert hierauf den Inhalt in Sektflaschen und verkorkt sie gut; es muß sich um solche starkwandige Flaschen handeln, weil die Gärung des Getränkes dünnere Flaschen zersprengt; auch die Korken müssen durch einen sogenannten Apothekerknoten aus fester Schnur gesichert werden, wenn man keine stabilen Schraubverschlüsse hat. Man stellt die Flaschen ausgesprochen kühl und dabei aufrecht. Das sehr aromatische Getränk schäumt wie Sekt.

Gebackene Holunderblüten (Hollerküchel)

Farbbild auf Seite 105

*Holunderblütendolden
150 g Mehl, 1 EL Öl
1 Glas Weißwein
1 Eiweiß
Salz, Backfett, Zucker*

Holunderblüten, die noch nicht abfallen dürfen, werden vorsichtig abgeschüttelt, weil häufig Käferchen darinsitzen. Man bereitet nun aus den angegebenen Zutaten einen halbflüssigen Ausbackteig, taucht die Blüten hinein und setzt sie sofort in heißes Fett. Die Küchel werden gut gezuckert und heiß zu Tisch gebracht; sie sind ein beliebtes Kaffee-Gebäck. Siehe auch unten »Bayrische Hollerküchel«.

Bayrische Hollerküchel (Hollersträuble, Holunder-Gebackenes)

*Dolden von reifen Hollerbeeren, Eierkuchenteig
Backfett, Zucker oder
Zimt-Zucker*

Schöne Dolden von reifen Hollerbeeren werden in einen Ausback- oder Eierkuchenteig getaucht. Man gibt sie sofort in heißes Backfett und läßt sie schön bräunen. Hierauf bestäubt man sie dicht mit Zucker oder Zimtzucker und serviert sie heiß zu Kaffee oder mit einer Vanillesoße, die nach Belieben mit Rum oder Orangenlikör abgeschmeckt werden kann.

53

Holler-Süßmost

Holunderbeeren, Zucker

Wer Gelegenheit hat, eine größere Menge Holunder zu ernten, sollte diese Möglichkeit beim Schopf packen, um Holler-Süßmost herzustellen. Er ist ebenso köstlich als Getränk wie hilfreich bei Fieber und Erkältungskrankheiten.

Die Beeren brauchen nicht abgezupft, sondern nur gut gewaschen zu werden. Man schneidet von den umgewendeten Dolden mit einer Schere nur die hauptsächlichsten Ästchen rund um den Stengel ab und gibt sie in den Korb des Dampfentsafters. Das spart die Mühe, alle Beeren abzuperlen. Auf je 1 kg Beeren streut man 1–2 Eßlöffel Zucker dazwischen, bis der Korb voll ist. Dann kocht man die Beeren, läßt den heißen Saft direkt und randvoll in heiße, absolut saubere Flaschen laufen und verschließt diese sofort. Weiteres darüber bei »Saftgewinnung« Seite 94.

Der Süßmost wird als Erfrischungsgetränk kalt, nach Belieben mit Mineralwasser, Tonicwater oder mit geeister Milch vermischt oder als Winter- und Krankengetränk heiß serviert. Er ist sehr farbkräftig und daher auch zum Aufbessern blasser Obstsäfte, Gelees und Marmeladen geeignet.

Holunder-Sirup

Holundersaft, Zucker
Zitrone

Durch Auskochen oder durch Dampfentsaften gewonnener Holunderbeersaft wird gewogen. Dann bereitet man aus demselben Gewicht Zucker Krumpelzucker (Seite 9) und gießt den Saft daran. Er wird mit etwas Zitronensaft dickölig gekocht und in kleine Flaschen gefüllt, die man gut verschließt und kühl aufbewahrt. Der Sirup dient zum Übergießen von Mehl- Süß- und Eissespeisen, zum Verfeinern von Obstsalaten und anderen Obstdesserts. Sein volkstümlicher Name »Fiebersaft« weist auf eine weitere gute Verwendungsmöglichkeit hin.

Holunderbeer-Tee

¹/₂ l Tee, ¹/₂ l Holundersaft
Zucker, etwas Zimtrinde
1–2 Nelken

Holunderbeertee ist ein aromatischer Tee zum raschen Aufwärmen im Winter. Er besteht aus schwarzem oder beliebigem neutralen Frucht-Tee und heißem, mit den Gewürzen verstärktem Holundersaft. Man süßt nach Geschmack und fügt jeder Tasse etwas Rum oder Zitronensaft hinzu.

Holunder-Punsch

1 l Holundersaft
1 l Rotwein, 2 Zitronen
2–3 Orangen, 2–3 Nelken
etwas Zimtrinde
3–4 Gläschen Weinbrand
Zucker

Holundersaft und Rotwein werden mit dem Saft der Orangen und Zitronen sowie mit der Zimtrinde gut erhitzt, aber nicht gekocht. Man süßt dann nach Geschmack und gibt zuletzt den Weinbrand daran.

Holunder-Schnaps

2–3 kg Holunderbeeren
1 Tasse Zucker
etwas Wasser
einige Gewürznelken
¹/₂ l guter Weinbrand

Die Beeren werden roh ausgeschleudert oder gepreßt; sie müssen daher gut reif sein. Man mißt den Saft genau ab und gibt auf 2 Liter den in wenig Wasser dickölig gekochten Gewürznelkensirup aus Wasser und Zucker und nach dem Erkalten den Weinbrand. Dann füllt man die Masse in Flaschen und verkorkt sie. Je länger der Schnaps steht, desto besser wird er.

Bauern-Holunder

500 g Holunderbeeren
2 Nelken, etwas Zimt
¹/₂ Zitrone, 250 g Mehl
etwa 1 l Milch, Zucker

Die Holunderbeeren werden mit wenig Wasser, Nelken, Zimtrinde und Zitronenschale gekocht und zerstampft. Inzwischen verrührt man das Mehl mit der Milch und kocht den Brei in den Holundersaft etwa 15 Minuten ein. Er wird beliebig fest oder durch Aufgießen etwas flüssiger gehalten und nach Geschmack gesüßt. Dann entfernt man die Gewürze und serviert den Brei heiß oder kalt.

Österreichisches Hollerkoch

Etwa 500 g Holunder-
beeren, 1 Glas Weiß-
oder Rotwein
2–3 EL Rosinen
etwas Zimtrinde
1 altbackene Semmel,
Zucker

Die abgezupften Beeren werden mit Wasser, dem Wein, den Rosinen und der Zimtrinde weichgekocht. Man kocht eine kleingeschnittene, altbackene Semmel und Zucker nach Bedarf ein und bringt das »Koch« heiß zu Mehlspeisen oder kalt als eine Art Kompott zu Tisch.

Bayrisches Hollermus

Je etwa 250 g Holler
(Holunder), Birnen und
Zwetschgen, 1 EL Grieß
oder Mondamin
etwas Zitronensaft
1 Glas Rotwein, Zucker
Zimt, 1 Semmel, Butter

Die von den Stielen abgenommenen Holunderbeeren, die in Stückchen geschnittenen Birnen und die halbierten Zwetschgen werden mit Wasser bedeckt sehr gut gekocht. Man würzt mit Zitronensaft, etwas Rotwein, Zimt und Zucker und schlägt die Suppe mit einem Schneebesen gut durch. Dann dickt man sie leicht mit etwas eingestreutem Grieß oder angerührtem Mondamin ein und gibt zuletzt in Butter geröstete Semmelwürfel dazu.

Urgroßmutters Hollerkoch

1 kg Holler (Holunder-
beeren)
1–2 EL Butterschmalz
3–4 EL Zucker, 2 Sem-
meln, etwas Milch
oder weißes Bier
nach Belieben einige
Zwetschgen

Die Holunderbeeren werden abgezupft und mit dem Schmalz in einen Topf gegeben und darin unter häufigem Rühren etwa 1 Stunde gedämpft und dabei leicht aufgegossen. Dann schneidet man eine Semmel in Scheibchen und gibt sie mit dem Zucker und etwas Wasser an den Holunderbeerbrei. Man läßt alles gut durchkochen; wenn die Masse zu dick werden sollte, fügt man etwas Milch oder Weißbier daran. Die zweite Semmel wird in Würfelchen geschnitten, in Butter oder Fett durchgeröstet und vor dem Anrichten an das Holundermus gegeben, das nach Belieben auch mit einigen, halbierten Zwetschgen durchgekocht werden kann.

Farbbild auf Seite 51

Holunder-Kaltschale

*1 Schale Holunder
2–3 EL Zucker, etwas
Zimtrinde
Zitronensaft, ¹/₂ EL Mon-
damin oder 2 Blatt
Gelatine, Schlagrahm
oder 1 Banane*

Der Holunder wird mit Zucker und Zimtrinde weichgekocht und nach Belieben durchpassiert; man kann Zitronen-, Berberitzen- oder Apfelsaft daruntergeben. Dann dickt man die Masse leicht mit Mondamin oder etwas aufgelöster Gelatine ein und stellt sie kalt. Zuletzt garniert man die Kaltschale noch mit Schlagrahm oder Bananenscheiben und kann noch Nußsplitter oder Kokosraspeln darüber streuen.

Holunder-Gelee

*1 ¹/₄ l (1250 g) Holunder-
beersaft
1750 g Zucker
1 Normalflasche Opekta
Citropekt, 4 EL Zitronen-
saft*

Der Holunderbeersaft, der Zucker und das dem Opekta beigepackte Citropekt werden unter Rühren erhitzt. Kurz vor dem Aufkochen fügt man Opekta und Zitronensaft hinzu, läßt noch einmal brausend durchkochen und füllt das jetzt bereits fertige Gelee in Gläser, die sofort verschlossen werden.

Holunderbeer-Apfel-Gelee

*³/₄ l (750 g) Holunderbeer-
saft, ¹/₂ l Apfelsaft
1 ³/₄ kg (1750 g) Zucker
10 g Citropekt, 1 Normal-
flasche Opekta 2000*

Der Saft wird, wie Seite 94 beschrieben, gewonnen. Dann erhitzt man den Saft mit dem Zucker und dem Citropekt in einem großen Kochtopf unter stetem Rühren. Sobald die Masse gut heiß ist, wird das Opekta eingerührt und das Gelee brausend aufgekocht. Man füllt es heiß in Gläser und verschließt diese sofort mit Einmach-Cellophan.

Holunderbeer-Orangen-Gelee

*1 l Holunderbeersaft
6 Orangen, 2 kg Zucker
1 Normalflasche
Opekta 2000*

Die Orangen werden entsaftet und mit dem Holunderbeersaft vereinigt. Man kocht ihn kurz vor, gibt den Zucker daran und rührt nach etwa 5 Minuten kräftigem Durchkochen das Opekta hinein. Wenn das Gelee erneut brausend aufgekocht hat, ist es fertig und kann in Gläser gefüllt werden.

Holunderbeer-Ebereschen-Gelee

*³/₄ l (750 g) Ebereschen-
beerensaft, ¹/₂ l (500 g)
Holunderbeersaft
1750 g Zucker, 1 Nor-
malflasche Opekta 2000*

Die gerade mit Wasser bedeckten Ebereschen werden weichgekocht und auf ein Sieb zum Abtropfen gegeben. Von dem so gewonnenen Saft verwendet man genau ³/₄ Liter. Die Holunderbeeren werden etwas zerstampft, bis kurz vor dem Kochen erhitzt und dann gleichfalls zum Ablaufen beiseitegestellt. Von diesem Saft nimmt man ¹/₂ Liter sowie den angegebenen Zucker und das dem Opekta beigegebene Citropekt. Man läßt alles unter Rühren gut aufkochen und fügt das Opekta hinzu. Das nochmals kurz durchgekochte Gelee ist jetzt fertig und wird in Gläser gegeben, die gut verschlossen werden.

Holunderbeer-Marmelade

1 kg Holunderbeeren unvorbereitet gewogen
1 kg Opekta-Gelierzucker
10 g Citropekt (kristallisierte Zitronensäure)

Etwa 1 kg Holunderbeer-Dolden werden gewaschen und entstielt, gründlich zerkleinert und am besten durch den Wolf gedreht. Nun erhitzt man etwa die Hälfte des Gelierzuckers mit dem gewonnenen Fruchtbrei und der kristallisierten Zitronensäure und rührt dabei gut um. Bei Kochbeginn wird der restliche Gelierzucker hinzugegeben. Man bringt wieder alles unter Rühren zum Kochen und läßt die Masse 10 Sekunden sprudeln. Danach wird die Marmelade sofort in Gläser gefüllt und mit Einmach-Cellophan verschlossen.

Holunderbeer-Preiselbeer-Marmelade

³/₄ kg (750 g) Holunderbeeren, 1 kg Preiselbeeren gereinigt gewogen
¹/₄ l Wasser
2¹/₄ kg (2125 g) Zucker
1 Normalflasche flüssiges Geliermittel

Die Früchte werden gewaschen, gut abgetropft, entstielt und gewogen. Dann werden sie mit einem Stampfer gut zerdrückt und mit ¹/₄ Liter Wasser musig gekocht. Diesen Fruchtbrei bringt man mit dem Zucker in einem ausreichend großen Kochtopf unter Rühren zum Kochen. Vom Beginn des brausenden Kochens an wird er 10 Sekunden bei großer Hitze durchgekocht. Dann gibt man das Geliermittel dazu, läßt kurz aufwallen und füllt sofort in Twist-Off-Deckel-Gläser.

Holunder-Ketchup

¹/₂ l reife Holunderbeeren
¹/₂ l Weinessig
30 g Schalotten oder Zwiebeln, etwas Macis
ein Stück Ingwer
einige Nelken
1 TL Pfefferkörner

Die Holunderbeeren werden mit dem kochend heißen Essig übergossen und über Nacht lauwarm gestellt. Am nächsten Tag schüttet man den Essig ab, ohne die Beeren zu pressen und kocht nun den Essig mit den gehackten Schalotten, einem Stück kleingeschnittenen Ingwer, den Nelken, der Macisblüte und zuletzt mit den Holunderbeeren einige Minuten kräftig durch und gibt dann das halbdicke Ketchup in Flaschen. Es schmeckt besonders gut zu Fischgerichten.

Grüner Essigholunder

1 kg grüne, also unreife Holunderbeeren
100–200 g kleine Zwiebelchen
1 Stück Meerrettich, Salz Essig, etliche Pfefferkörner

Die noch festen, grünen Beeren ergeben eine aparte Essigkonserve, ähnlich den Kapern; man verwendet sie auch wie diese. Die abgezupften Beeren werden in leichtem Essig-Salzwasser mit den Pfefferkörnern gekocht; sie dürfen aber nicht verkochen. Man gibt die gesondert gekochten Zwiebelchen und den frischgeriebenen Meerrettich darunter und verstärkt nun den Sud mit Essig und nötigenfalls etwas Salz; er muß stets über den Beeren stehen. Wenn man ihn weniger scharf wünscht, sterilisiert man die etwas essigschwächeren, aber immer noch pikanten Beeren in kleinen Flaschen 15 Minuten bei 80° C.

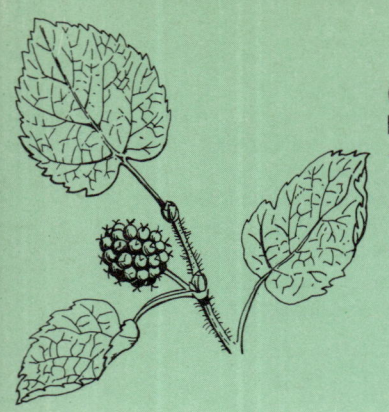

Schwarze Maulbeere

Morus nigra

Kennzeichen
Der bis zu 15 m hohe Baum stammt aus Asien und diente vor allem der Seidenraupenzucht. Bei uns findet er sich nur selten, und dann angepflanzt in Alleen, Gärten oder Parks. Seine ungeteilten oder gelappten derben Blätter sind an der Oberseite behaart. Die reife Frucht ist dunkelblau und süß.

Maulbeer-Salat

Eine Schale große, reife Maulbeeren, etliche Himbeeren und Berberitzen oder Johannisbeeren 1–2 Pfirsiche, Zucker Zitronensaft, 1 Gläschen Weinbrand

Die Früchte werden entsprechend vorbereitet und in eine Schale gegeben. Man zuckert sie, fügt etwas Zitronen- oder Johannisbeersaft hinzu und gießt den Weinbrand darüber.

Maulbeer-Kompott mit Ingwer

Große Maulbeeren 3–4 EL Zucker 1/4 l Weißwein 1/2 Zitrone, eine große Knolle kandierter Ingwer

Der Weißwein wird mit dem Zucker durchgekocht und abgeschäumt. Darin läßt man die Maulbeeren einige Minuten aufkochen, fügt den feingeraspelten oder gehackten Ingwer und den Zitronensaft hinzu und stellt das Kompott kühl. Man kann es nach Belieben noch mit Grand Marnier würzen.

Maulbeer-Sauerkirsch-Kompott

1 Teil Maulbeeren 1 Teil Sauerkirschen Zucker nach Bedarf 2 Likörgläser Kirschwasser

Die verlesenen Maulbeeren und die möglichst entsteinten Sauerkirschen werden in Wasser und nach Belieben auch mit einem Glas Weißwein und Zucker nach Bedarf gargekocht und kühl gestellt. Zuletzt gießt man das Kirschwasser daran und kann noch etwas Vanillinzucker hinzufügen.

Maulbeer-Saft

1 1/2 kg Maulbeeren 1/2 kg schwarze Johannisbeeren, Zucker

Die vorbereiteten Früchte werden im Dampfentsafter mit etwa 100 g Zucker überstreut und nach Vorschrift (Seite 94) entsaftet. Den heißen Saft gibt man direkt in vorgehitzte Flaschen und verschließt sofort. Dieser Saft ist empfehlenswert bei Fieber, Erkältungskrankheiten und Frühjahrsmüdigkeit.

Standort
Verwildert in Wäldern südlicher Lage, aber selten, sonst angepflanzt in Alleen, zu Hecken und Zäunen.

Erntezeit
August/September, wenn die Früchte dunkelblau und süß sind.

Verwertung
Rohgenuß (Kuchenbelag), Saft, Gelee, Marmelade, Kompott, Mark, Fruchtpasten.

Da Maulbeeren wohl süß, aber ohne viel Geschmack sind, werden sie zweckmäßig mit säurereichen, insbesondere mit anderen Wildfrüchten oder mit Zitronensaft zusammen verwertet.

Maulbeer-Gelee

2 l Saft aus je 1 Teil schwarzen und roten Johannisbeeren oder Berberitzen und Maulbeeren oder je 1 Teil Maulbeer- und Berberitzensaft, 2½ kg Zucker, 1 Normalflasche Opekta 2000

Der Saft wird mit dem Zucker unter Rühren aufgekocht. Man fügt das Opekta hinzu, läßt nochmals brausend aufwallen und füllt das schon fertige Gelee heiß in Gläser, die sofort verschlossen werden.

Rote Grütze aus Maulbeeren

Aus den hier genannten Säften oder aus nebenstehendem Maulbeersaft kann man Rote Grütze bereiten. (Grundrezept Seite 98)

Russische Maulbeer-Konfitüre

1 kg Maulbeeren
½ kg Himbeeren
½ kg Gartenerdbeeren
½ kg Sauerkirschen
½ l Johannisbeersaft
2½ kg Zucker, 1 Normalflasche Opekta 2000

Die vorbereiteten Früchte werden gemischt, mit Wasser bedeckt und gut durchgekocht. Man drückt sie dann durch ein grobes Sieb oder schlägt sie stark mit dem Schneebesen und gießt den Johannisbeersaft dazu. Die Masse wird mit dem Zucker und dem Citropekt (dem Opekta beigepackt) gut verrührt, brausend durchgekocht und mit dem Opekta versehen. Zuletzt kocht man sie nochmals auf und füllt sie in Gläser.

Maulbeeren in Zucker

1 kg Maulbeeren
1 kg Zucker, 1 Zitrone

Die nicht allzu reifen Maulbeeren werden gewaschen und in eine Schüssel gefüllt. Dann kocht man den Zucker in ½ Liter Wasser zu einem dicköligen Sirup und gießt ihn heiß über die Beeren. Anderntags kocht man den abgegossenen Sirup mit dem Zitronensaft etwa ½ Stunde ein und gießt ihn neuerdings über die Beeren, die jetzt rasch dickgekocht werden. Die Konfitüre hält sich wochenlang. Will man sie länger aufbewahren, ist es zweckmäßig, sie 30 Minuten bei 80° C zu sterilisieren. Sie paßt gut zu Geflügel, Wild, Pasteten, auch zu Omeletts und anderen Mehlspeisen.

Mehlbeere

Sorbus aria

Süße Eberesche, Weißlaub, Silberbaum

Kennzeichen
Der Strauch oder Baum wird 2–10 m hoch. Die eiförmigen, ungleichmäßig gesägten Blätter sind an der Oberseite dunkelgrün und glänzend, an der Unterseite grau- bis weißfilzig. Die weißen Blüten stehen in Doldenrispen. Die kugeligen oder eiförmigen Früchte sind rot oder orange, das Innere gelbfleischig und mehlig.

Standort
Waldränder, Gärten, in Gegenden mit Kalkboden.

Mehlbeer-Saft

1 ¹/₂ kg Mehlbeeren
¹/₂ kg schwarze Johannisbeeren, Zucker

Die vorbereiteten Früchte werden im Dampfentsafter mit etwa 100 g Zucker überstreut und nach Vorschrift (Seite 94) entsaftet. Den heißen Saft gibt man direkt in vorgehitzte Flaschen und verschließt sofort. Dieser Saft ist empfehlenswert bei Fieber, Erkältungskrankheiten und Frühjahrsmüdigkeit.

Mehlbeer-Mix

1 Glas Mehlbeersaft
1 Glas Berberitzen- oder Johannisbeersaft
2 Orangen, 1 EL Honig
2 Likörgläser Cassis
¹/₂ Flasche Sekt, Eiswürfel

Die Säfte werden mit dem Honig gesüßt und mit dem Saft der Orangen, dem Cassis und zuletzt mit dem Sekt aufgegossen. Man serviert das Getränk mit Eiswürfeln.

Mehlbeer-Brei oder -Mus

Dieser bereits im Mittelalter als Süßspeise wie als Tortenfülle beliebte Brei ist auch heute nicht zu verachten. Man würzt das wie Himbeer-Mark Seite 42 bereitete Mus kräftig mit etwas Berberitzensaft oder Zitrone und serviert den durchgedrückten und gesüßten Brei als Nachtisch oder warm als Beilage zu Süßspeisen. Man kann nach Belieben auch etwas Rum oder Quark oder einen Orangenlikör hinzufügen.

Mehlbeer-Grütze

375 g Mehlbeer-Mus
150–200 g Zucker
1 Zitrone
150–200 g Grieß

Das nach dem Rezept S. 60 bereitete Mus wird mit dem Zucker und dem Zitronensaft aufgekocht, mit dem Grieß gedickt und in eine Schale gegossen. Man stellt die Grütze dann sehr kalt und serviert sie mit vanilliertem Schlagrahm oder mit Himbeeren oder auch mit gesüßtem Quark.

Verwertung
Der leicht fadsüße, aber trotzdem angenehme Geschmack reifer Mehlbeeren wird zweckmäßig durch Zugabe von pikant-sauren Früchten, wie Cornelkirschen, Ebereschen, Johannisbeeren, Sauerkirschen oder Berberitzen ausgeglichen. Die Beeren sind ihres hohen Zucker-, Pektin- und Vitamingehaltes halber wertvoll. Sie wurden und werden mancherorts getrocknet, wodurch sie besonders viel Aroma entwickeln. Man verwendete sie früher als Ersatz für getrocknete Birnen oder Rosinen zum weihnachtlichen Hutzelbrot. Sie vergären auch leicht zu einem recht brauchbaren Wein; man kann zudem Kompott, Mus, Marmelade, Gelee und Pasten daraus bereiten. Getrocknete Mehlbeeren sind auch ein gutes Vogel- und Hühnerfutter. Die Früchte können frisch gegessen werden. Man zuckert sie nach Belieben etwas ein und kann auch ein wenig Vanillinzucker darangeben. Manchen Leuten schmecken sie auch mit kaltem flüssigem oder geschlagenem Rahm.

Mehlbeer-Eierkuchen

200 g Mehl, 3 Eier
¹/₄ l Milch, 250 g
Mehlbeermus (S. 60)
¹/₂ Zitrone
1 Tasse Milch, Zucker
Backfett, Zimt-Zucker

Aus Mehl, Eidotter, Milch, Salz, Zitronensaft, dem Mehlbeermus und dem steifen Eischnee bereitet man eine Eierkuchenteig. Daraus bäckt man in genügend Fett möglichst viele, dünne Eierkuchen und bestreut sie mit Zimt-Zucker.

Mehlbeer-Gelee

2 l Mehlbeersaft oder
1 l Maulbeer- und
1 l Berberitzen- oder
Johannisbeersaft
3 ¹/₂ kg Zucker, 2 Zitronen
oder 10 g Zitronensäure

Der Saft (siehe S. 60) wird allein oder mit Berberitzen- oder Johannisbeer- oder Ebereschensaft gemischt und vorgekocht, bis er schön rot wird. Dann gibt man Zucker, Zitronensaft oder Zitronensäure hinzu und kocht das Gelee, das infolge des hohen Pektingehaltes von Mehlbeeren rasch steift, fertig. Es wird heiß eingefüllt. Nach 2–3 Wochen ist es – bei richtiger Kochung – fest.

Mehlbeer-Paste

500 g Mehlbeermus
875 g Zucker
7 EL Opekta
100 g kandierter Ingwer
etwas Zimt, 10 g Citropekt
(dem Opekta beigepackt)

Das durch Weichkochen und Durchstreichen gewonnene Mehlbeer-Mus, genau abgewogen, wird mit dem sehr fein gewürfelten oder aufgeraspelten Ingwer, dem Zucker und dem Citropekt unter stetem Rühren etwa 15 Minuten dick gekocht. Dann rührt man das Opekta und den Zimt ein, kocht noch tüchtig durch und gießt die dickfließende Masse 1 cm hoch auf Pergamentpapier aus. Man läßt sie 1–2 Tage stehen, stürzt sie dann mit dem Papier auf eine gezuckerte Platte und schneidet nach neuerlichem Übertrocknen Karos oder Rauten daraus. Sie werden in Zucker gewendet und nach 1–2 Tagen zwischen Pergament verpackt in gut schließenden Dosen (Tupperware) aufbewahrt.

Mispel

Mespilus germanica

Nöspel

Man unterscheidet die Gemeine Mispel und die Holländische oder Große Gartenmispel.

Kennzeichen

Der dornige Strauch wird bis zu 3 m hoch. Die länglichlanzettlichen Blätter sind an den Spitzen schwach gezähnt und an der Unterseite behaart. Die Blüten sind weiß. Die braunen Früchte sind zunächst hart und herb, nach dem Frost aber weich und mehlig; auffallend an ihnen sind die zuerst grünen, später braunen, hochstehenden Kelchzipfel.

Mispel-Kompott auf mittelalterliche Art

1 Schale voll Mispeln
2 EL Butter, ¼ l Rotwein
Zucker, etwas Zimt

Die gut gelagerten, schon mürb gewordenen Mispeln werden von der Blütenkrone befreit und in brauner steigender Butter gar geschmort. Man gießt den Rotwein, etwas Zimt und Zucker daran und läßt die Früchte garschmoren. Man nimmt sie heraus und übergießt sie mit der dicklich eingekochten Soße und überstreut sie mit Zimt-Zucker.

Mispel-Marmelade

3½ kg Mispeln, 2250 g
Zucker, 1 Normalflasche
Opekta 2000
Citropekt oder
4 EL Zitronensaft

Die Mispeln werden von Stiel und Blüte befreit, halbiert und entkernt. Man wäscht sie mehrmals und kocht sie, knapp mit Wasser bedeckt, weich. Achtung, sie brennen leicht an! Dann treibt man sie durch ein Sieb, wiegt den Fruchtbrei und gibt auf genau 1750 g davon den Zucker, das Citropekt oder den Zitronensaft und kocht die Marmelade kurz brausend auf. Zuletzt fügt man Opekta hinzu, läßt noch einmal kurz durchkochen und füllt die Marmelade heiß in Gläser, die sofort verschlossen werden müssen.

Mispelsalse (Gelee)

Die Mispeln müssen ganz weich sein. Man putzt sie ab, rührt sie mit etwas Birnensaft durch ein Haarsieb, so daß Schale und Kern zurückbleiben, siedet das Durchgeschlagene mit einer beliebigen Quantität Zucker, bis es gehörig dick ist, und gibt, kurz bevor man es vom Feuer nimmt, etwas feingeschnittene Zitronenschale und etwas Zimt dazu.

Man kann natürlich das Gelee aus dem gewonnenen Saft, Zucker und mit einem Geliermittel auf moderne Weise, etwa nach dem Rezept Seite 96, zubereiten.

Standort
Wildwachsend an Waldrändern und
Hecken; die größere Gartenmispel
ist kultiviert.

Erntezeit
Spätherbst.

Verwertung
Als Gelee und zu Mischmarme-
laden.

Mispeln spielten in der frühen, vor
allem in der mittelalterlichen Küche
eine bedeutende Rolle, die sie heute
durch das viele angebotene Edel-
obst verloren haben. Man sollte sich
aber gelegentlich den seltenen Spaß
machen, eines der alten Rezepte
nachzukochen; das ist dann einmal
etwas anderes.

Mispeln einmachen

Man schält große, frische Mispeln so dünn als möglich, durchsticht sie
einigemale mit einer Stecknadel, läßt sie ein paarmal im Wasser aufwallen,
nimmt sie heraus und läßt sie abtrocknen; dann gibt man nach Gutdünken
Zucker in eine messingene Pfanne, läßt ihn mit etwas Wasser darin stehen,
bis er zergeht, legt die Mispeln hinein und läßt sie recht gut und langsam
kochen, nimmt sie sodann vom Feuer weg und läßt sie über Nacht in einem
gut glasierten Geschirre stehen, schüttet den anderen Tag einen Teil Apfelsaft in eine Pfanne, legt ein Stückchen Zucker dazu, richtet die Mispeln in
ein Glas, schüttet den Zuckersaft von den Mispeln zu dem Apfelsaft und
läßt ihn sieden, bis er sich sulzt, dann läßt man ihn auskühlen, richtet ihn
über die Mispeln, und stellt sie in einem mit durchstochenem Papier ver-
bundenen Glase an einen kühlen Ort.

Mispeln in Rotwein

1 Schale Mispeln
etwas Butter
1–2 Gläser Rotwein
Zimt und Zucker
1 P Vanillinzucker oder
1 Gläschen Maraschino

Die gut abgelagerten, schon weich gewordenen Mispeln werden von ihren
Blütenkronen befreit, halbiert und in etwas Butter weich geschmort. Man
gießt dabei mit dem Rotwein auf und läßt sie schön durchgaren. Dann
nimmt man die Früchte heraus und bestreut sie mit Zimt und Zucker. Der
entstandene Saft, der noch mit Vanillinzucker oder Maraschino abgeschmeckt wurde, wird dann wieder über die Früchte gegossen oder gesondert serviert.

Rohe Mispeln

Dazu verwendet man besonders große, reife Früchte, die durch Frost oder
genügendes Lagern weich geworden waren. Man halbiert sie und löffelt das
weiche Fruchtfleisch aus der Schale. Wer es liebt, kann die Früchte mit
etwas Puderzucker süßen.

Moosbeere

Oxycoccus palustris

Sumpf-, Krähen-, Moor- oder Torfbeere

Kennzeichen
Die kriechenden, fadenförmigen Zweige werden bis zu 80 cm lang. Die kleinen, eiförmigen, glänzenden Blätter sind immergrün. Die rosa Blüten sitzen zu 2 oder 4 an roten Stielen, die bis zu 5 cm lang werden. Die kugeligen, roten Früchte haben einen Durchmesser von 8–10 mm;

Moosbeer-Konfitüre

2¹/₂ kg Moosbeeren
2¹/₂ kg Zucker, ¹/₄ l Wasser
1 Normalflasche
Opekta 2000

Die gut verlesenen, reifen Früchte werden 5 Minuten, gerade mit Wasser bedeckt, vorgekocht. Dann gibt man den Zucker hinzu und läßt die Marmelade 10 Minuten brausend durchkochen. Es folgt das Opekta, und nach nochmaligem kurzem Aufkochen ist die Marmelade fertig. Man füllt sie heiß in Gläser und verschließt sie sofort.

Moosbeeren im Schnee

1 Tasse Moosbeer-
Konfitüre
2 Eiweiß, 1 EL Zucker
1–2 P Vanillinzucker
¹/₂ Tasse Kokosflocken
Zimt, 2 Gläschen Grand
Marnier

Das Eiweiß wird zuerst allein und dann mit dem Zucker und Vanillinzucker zackensteif geschlagen. Man gibt die Moosbeer-Konfitüre, den Zimt, den Grand Marnier und den größten Teil der Kokosflocken darunter und füllt die Massen in eine Schale. Zuletzt streut man noch Kokosflocken darauf oder garniert reich mit Schlagrahm.

Russisches Moosbeeren-Kompott

1 Schale Moosbeeren
Zucker, 1 Zitrone
2–3 Gläser Wodka

Die Moosbeeren müssen gut reif sein; sie werden in dick gekochter Zuckerlösung gargekocht. Man fügt etwas Zitronensaft hinzu und schmeckt das Kompott mit Wodka kräftig ab. Es muß sehr kalt serviert werden.

Moosbeer-Birnen

Moosbeeren, Zucker
Birnen, Weißwein
Muskat, Schlagrahm
oder Vanillesoße

Die Moosbeeren werden gut verlesen, mit wenig Wasser angekocht und dann mit dem Zucker fertiggekocht, wie man Preiselbeeren zubereitet. Die Birnen werden geschält, halbiert, ausgehöhlt und in Zuckerwasser mit Weißwein nicht zu weich gekocht. Man gibt sie in Schälchen, übergießt sie

die an Vitamin C reichen, säuerlichen Beeren schmecken am besten, wenn sie Frost bekommen haben.

Standort
Wie »Preiselbeere«, vor allem in Moorgebieten.

Erntezeit
Wie »Preiselbeere«.

Verwertung
Wie »Preiselbeere«.

mit den Moosbeeren oder auch mit Preiselbeeren und streut etwas Muskat darauf. Dazu reicht man Schlagrahm oder eine gut süße, nach Belieben mit Rum abgeschmeckte Vanillesoße

Moosbeer-Honig-Gelee

¹/₂ kg Honig
¹/₂ kg Moosbeeren

Den Honig läutert man gut durch und schäumt ihn dabei ab. Dann gibt man die reifen Moosbeeren dazu, verkocht die Masse und streicht sie durch ein Haarsieb. Das Gelee wird nochmals dick eingekocht und heiß in Gläser gefüllt.

Moosbeer-Pikanta

¹/₂ l eingekochte
Moosbeeren
¹/₈ l Rotwein, 2 EL Senf
1 TL Ingwerpulver
¹/₂ TL Zimt, je 1 Prise Salz
Pfeffer und Nelken
7 EL Opekta 2000

Die mit gleichviel Zucker nach Art von Preiselbeeren dick eingekochten Moosbeeren verrührt man mit den übrigen genannten Zutaten, kocht gut durch, fügt das Opekta hinzu und füllt die sehr würzige, ketchupartige Masse in Gläser. Sie wird auch wie Ketchup verwendet und macht alles noch pikanter.

Moosbeer-Krone

1 große Tasse Moosbeer-
Konfitüre
3 EL frischgeriebener
Meerrettich, 1 Apfel

Meerrettich und Apfel werden fein aufgerieben und unter die Moosbeeren-(oder Preiselbeer)-Konfitüre gegeben. Man streicht je 1 EL voll davon auf Steaks, Schnitzel, Schinkenrollen, Pastetenschnitten, Würste oder dergleichen, so daß diese eine pikante Krone tragen.

Preisel-beere

Vaccinium vitis-idaea

Krons-, Kraus-, Stein- oder
Krackbeere

Kennzeichen
Der 10–30 cm hohe Zwergstrauch
ist wintergrün; die ganzrandigen,
ledrigen Blätter sind am Rande eingerollt. Die weißlichen oder rosa
Blüten wachsen in glockigen Trauben. Die kugeligen, roten Früchte
haben einen Durchmesser von
5–8 mm und sind reich an Vitamin C.

Preiselbeeren in Zucker

1 kg Preiselbeeren
³/₄–1 kg Zucker
etwas Zimtrinde

Die verlesenen Preiselbeeren werden gut mit Wasser bedeckt und mit
zunächst wenig Zucker und dem Zimt gekocht, bis sie ganz zerfallen sind. Je
nach ihrer Reife brauchen sie mehr oder weniger Zucker. Die mitgekochte
Zimtstange entfernt man zuletzt. Die Masse muß gut süß und dicklich sein.

Preiselbeeren in Rotwein

Farbbild auf Seite 33

1 kg Preiselbeeren
½ kg Zucker, ¼ l Rotwein
nach Belieben etwas Zimt
1–2 Nelkenköpfe und
1 Stückchen Ingwer-
wurzel

Zucker, Rotwein und die Gewürze kocht man durch und gibt dann die
sauber verlesenen, möglichst reifen Preiselbeeren hinein. Sie werden gekocht, bis sie geplatzt und weich sind. Dann nimmt man sie heraus und
kocht den Saft nochmals stärker ein. Wenn er dickölig läuft, gibt man die
Beeren wieder hinzu und füllt das dickliche Kompott in kleine Gläser, die
mit Twist-Off-Deckeln oder Cellophan verschlossen werden. Man kann das
Kompott auch einfrieren.

Preiselbeer-Birnen-Kompott

500 g Preiselbeeren
500 g Birnen, Zucker
1 Stück Zimtrinde
etwas Zitronensaft
2 Likörgläser Williams-
Schnaps

Preiselbeeren und Birnenschnitze im gleichen oder in einem beliebigen
Verhältnis kocht man mit genügend Zucker und Wasser zart weich und
würzt dabei mit einem Stück Zimtrinde, die zuletzt wieder herausgenom-
men wird, und etwas Zitronensaft. Das sehr kalt gestellte Kompott wird
zuletzt mit dem Williams-Schnaps verrührt.

Preiselbeer-Quitten-Kompott

Preiselbeeren, Quitten
Zucker, 1 Vanillestange
1–2 Likörgläser Cointreau

Preiselbeeren und geschälte Quittenschnitze werden mit dem nötigen Zuk-
ker und der aufgeschlitzten Vanillestange weichgekocht. Man stellt das
Kompott kalt und gibt den Cointreau daran.

66

Standort
Sonnige Hänge, lichter Hochwald.

Erntezeit
August bis September. Da die Beeren beim Reifen zum Abfallen neigen, werden sie schon früher gesammelt, bevor sie ganz reif sind. Das Nachreifen geschieht am besten zugedeckt im Keller.

Verwertung
Saft, Gelee, Marmelade, Kompott, Likör usw. Zum Rohgenuß weniger geeignet.

Preiselbeer-Milch

3–4 Eiswürfel
knapp ¹/₂ l Milch
2 EL Preiselbeerkompott-
saft, etwas Zitronensaft
1–2 EL Zucker oder
Honig, 1–2 Likörgläser
Kirschwasser

In den Shaker (Mischbecher) gibt man die Eiswürfel, die Milch, das Preiselbeer-Kompott, etwas Zitronensaft, den Zucker oder Honig und das Kirschwasser. Man schüttelt gut durch und serviert das Getränk möglichst kalt.

Preiselbeer-Milchflip

2 Eiswürfel
1 Tasse Milch
1 Cocktailglas Preiselbeer-
saft, 1 Eidotter

Die Zutaten werden im Shaker mit den Eiswürfeln gut durchgeschüttelt und in kleine Gläser abgeseiht.

Preiselbeer-Gelee

1³/₄ l (1750 g) Preiselbeer-
Saft, 2¹/₄ kg (2250 g)
Zucker
1 Normalflasche Opekta

Etwa 2¹/₂ kg gewaschene, reife Preiselbeeren werden mit ¹/₂ Liter Wasser bei mäßiger Hitze zum Kochen gebracht. Wenn sie weich sind, werden sie abgetropft. Genau 1³/₄ Liter von diesem Preiselbeer-Saft wird nun mit dem Zucker in einem ausreichend großen Kochtopf unter Rühren erhitzt. Kurz vor dem Aufkochen rührt man das Opekta ein und läßt das Ganze nochmals bis zum brausenden Aufwallen kommen. Das Gelee wird heiß in Gläser gefüllt und sofort mit Einmach-Cellophan verschlossen.

Preiselbeer-Konfitüre

2¹/₂ kg Preiselbeeren
2¹/₂ kg Zucker, ¹/₄ l Wasser
1 Normalflasche
Opekta 2000

Die gut verlesenen, reifen Früchte werden 5 Minuten, gerade mit Wasser bedeckt, vorgekocht. Dann gibt man den Zucker hinzu und läßt die Konfitüre 10 Minuten brausend durchkochen. Es folgt das Opekta und nach nochmaligem kurzem Aufkochen ist die Konfitüre fertig. Man füllt sie heiß in Gläser und verschließt sie sofort.

Feinschmecker-Preiselbeeren

2 Tassen eingekochte Preiselbeeren, 1 Tasse geriebenes Schwarzbrot ein Stück Schokolade 3–4 EL Zucker 2 EL Mandeln Zimt, Schlagrahm

Das Schwarzbrot, die Schokolade und in Zucker gekochte Preiselbeeren, nach Belieben auch noch geriebene Mandeln, alles etwa zu gleichen Teilen und etwas Zimt vermengt man rasch und serviert mit Schlagrahm.

Preiselbeer-Schaum

2 Eiweiß, 1 EL Zucker 1–2 P Vanillinzucker 1 Tasse dick eingekochte Preiselbeeren 2–3 EL Haselnüsse

Zuerst schlägt man das Eiweiß sehr steif, gibt den Zucker und Vanillinzukker, die Preiselbeeren und die feingeriebenen Haselnüsse darunter. Man kann sie mit ein wenig Zimt, Nelken- und Ingwerpulver sowie ganz wenig geriebener Muskatnuß nachwürzen. Der in eine Schale gefüllte Schaum wird mit Haselnüssen oder Schlagrahm oder mit gesüßtem Quark garniert und rasch serviert.

Preiselbeer-Äpfel

4–5 Äpfel, 1 Tasse eingemachte Preiselbeeren 1 Glas Weißwein, Zucker Zimt, Zitrone

Die geschälten, halbierten und vom Kernhaus befreiten Äpfel werden in gewässertem Weißwein mit Zucker und Zitronensaft weichgekocht. Sie müssen kernig fest bleiben. Dann füllt man sie mit Preiselbeeren, die mit Zimt gewürzt wurden. Man kann auch dicke, kurz in Butter geschmorte Apfelscheiben mit Preiselbeeren bekrönen und auf Scheiben von Ananas setzen. Sie bilden eine delikate Fleischbeilage.

Preiselbeer-Birnen

2–3 Birnen, 3–4 EL eingekochte Preiselbeeren 2–3 EL Mayonnaise 2 EL Walnüsse etwas grüner Salat Zucker, Zitronen

Die geschälten und ausgehöhlten Birnenhälften werden in leichtem Zuckerwasser mit Zitronensaft nicht zu weich gekocht. Man setzt sie auf Salatblätter und überzieht sie mit Mayonnaise, gibt die Preiselbeeren darauf und überstreut sie mit den geriebenen Walnüssen. Feine Fleisch- oder Käsebeilage!

Preiselbeer-Makrönchen

4 Eiweiß, 1 Tasse Puderzucker, 1 Tasse geriebene Mandeln oder Kokosflocken, 1 Tasse Preiselbeeren, etwas Zimt 2 P Vanillinzucker

In die steifen Eiweiß schlägt man den Zucker, die geriebenen Mandeln oder Kokosflocken und die möglichst gut abgetropften Preiselbeeren ein. Man würzt mit Zimt und Vanillinzucker und setzt kleine Häufchen davon auf ein gefettetes Blech oder auf Oblaten, die bei Mittelhitze 20–25 Minuten gebacken werden.

Rote Grütze mit verschiedenen Beeren ▷
Rezept auf Seite 17

Pikante Preiselbeer-Soße

½ Tasse eingekochte Preiselbeeren, ½ Zitrone 2 TL Senf, etliche Tropfen Worcester-Soße 2–3 EL Tomaten-Ketchup ½ Glas Madeira oder starker Rotwein

Die Preiselbeeren werden mit reichlich Zitronensaft, etwas feingeriebener Zitronenschale, dem Senf, der Worcester-Soße und dem Tomaten-Ketchup oder Tomaten-Mark, dem Madeira oder Rotwein verschlagen. Die Soße soll nicht zu kalt sein. Man reicht sie zu Schinken, Grilladen, Wildschwein, zu Schweinskotelett und dergleichen.

Preiselbeer-Krone

1 große Tasse Preiselbeer-Konfitüre, 3 EL frischgeriebener Meerrettich 1 Apfel

Meerrettich und Apfel werden fein aufgerieben und unter die Preiselbeer-Konfitüre gegeben. Man streicht je 1 EL voll davon auf Steaks, Schnitzel, Schinkenrollen, Pastetenschnitten, Würste oder dergleichen, so daß diese eine pikante Krone tragen.

Preiselbeer-Meerrettich-Sülzchen

1 Tasse eingemachte Preiselbeeren 3 EL geriebener Meerrettich, 1 Tasse Rotwein 3 Blatt Gelatine etwas Zitronensaft

Die Preiselbeeren werden mit dem Meerrettich, dem Rotwein und dem Zitronensaft gemischt. Man mißt genau ¼ Liter Masse ab und gibt die mit 3 Eßlöffeln heißem Wasser aufgelöste Gelatine darunter. Diese Masse füllt man in kleine gespülte Formen oder in Tassen und stürzt sie nach dem Erstarren. Die Sülzchen sind eine feine Beilage zu kalten Platten.

Preiselbeer-Pikanta

1 kg Preiselbeeren 300 g Walnüsse 350 g Rosinen, 2 Orangen 500 g Zucker 1–2 Ingwerpflaumen wenig Zimt und Nelken 1 Glas Rum

Die reifen Preiselbeeren werden kochend überbrüht und durch den Fleischwolf gedreht. Man gibt die gemahlenen Walnüsse, die Rosinen, die geschälten und vom weißen Pelz befreiten, zerkleinerten und dabei entkernten Orangen, den Zucker, die fein aufgeraspelten Ingwerpflaumen und die Gewürze dazu. Die Masse wird etwa 15 Minuten unter ständigem Rühren gut durchgekocht und noch heiß in Gläser gefüllt. Das Pikanta kann sowohl als Marmelade verwendet wie als würzige Beilage zu kaltem Fleisch, Wild und dergleichen gegeben werden.

Rausch-beere

Vaccinum uliginosum

Sumpf-Heidelbeere

Kennzeichen
Der 30–90 cm hohe Zwergstrauch hat ganzrandige, an der Unterseite blaugrüne Blätter. Er blüht rosa oder weißlich. Die schwarzblaue, kugelige Beere hat einen Durchmesser von 6–10 mm. Der Genuß größerer Mengen kann rauschartige Zustände erzeugen.

Standort
Moor, Alpenwiesen.

Erntezeit
August bis Oktober.

Verwertung
Wie »Heidelbeere«.

Die schwarzblaue Rauschbeere ist eine Schwester der Heidelbeere und wie diese mit der Preiselbeere verwandt. Sie ist seltener und größer als die Preiselbeere, aber wie die Heidelbeere blauschwarz. Im Gegensatz dazu ist sie jedoch im Innern weißfleischig. Beim Kochen wird das Kompott dunkel. Die Rauschbeere hat einen besonders würzigen, eigenartigen Geschmack und Geruch, der etwas an schwarze Johannisbeeren erinnert.
Vorausgesetzt, die Ernte ist groß genug, bereitet man aus Rauschbeeren Säfte, Kompott, Gelee, Marmelade und Kuchen. Die Zubereitung und die Verwertung ist die gleiche, wie bei den Geschwistern Heidelbeere, Moosbeere und Preiselbeere, nur gibt man wegen des besonderen Geschmacks der Rauschbeeren, Gewürze, wie Zimt, Nelken, Zitrone, Vanille oder einen starken Fruchtlikör dazu. Es ist zweckmäßig, erst einmal eine kleinere Partie zu kochen, um zu erkunden, ob der spezifische Geschmack dieser Beere dem Gaumen zusagt.

Pikantes Rauschbeer-Kompott

500 g Rauschbeeren
2–3 Blutorangen
¹/₂ Zitrone, 1 Glas
Rotwein, etwas Zimt
eine Spur Kardamom
Zucker nach Bedarf

Die Beeren werden sauber verlesen und mit dem Rotwein, dem Orangensaft und Zucker nach Bedarf gut durchgekocht. Man schmeckt mit Kardamom und Zitronensaft feinwürzig nach und verwendet das Kompott zu Mehlspeisen verschiedener Art und heiß zu Eis-Spezialitäten.

Rauschbeer-Pfannkuchen

250 g Mehl, 2–3 Eier
1 Tasse Milch, Salz
1 Msp Backpulver
500 g Rauschbeeren
Zucker, etwas Zitronen-
und Orangensaft, Backfett

Aus Mehl, Milch, Eidottern, Salz und etwas Zucker bereitet man einen Eierkuchenteig, in den man zuletzt den steifen Eischnee gibt. Man gießt ihn partieweise in die heiße Pfanne und streut dicht eingezuckerte Rauschbeeren darüber. Die Eierkuchen werden noch mit etwas Teig übergossen, beiderseits ausgebacken und auf eine heiße Platte gelegt. Man beträufelt sie mit einem Gemisch aus Zitronen- und Orangensaft und streut Zucker darüber, nach Belieben auch Zimt-Zucker oder Vanillinzucker.

Rotdorn

Crataegus monogyna
var. *karmesina-plena*

Kennzeichen
Er wächst als Strauch oder bis zu
12 m hoher Baum mit dornigen
Ästen und meist 3- bis 5lappigen
Blättern. Die roten, nicht duftenden
Blüten stehen in Doldenrispen.

Die Beeren enthalten sehr viel Pektin und Säure.

Standort
Waldränder, Parks,
Straßen, Hecken.

Erntezeit
Spätherbst.

Verwertung
Saft, Gelee. Infolge des hohen Pektingehaltes verwendet man den Saft des Rotdorns auch gern zum Gelieren anderer Fruchtsäfte. Blüten und Blätter ergeben Tee.

Rotdorn-Saft

*Rotdornbeeren, etwas
Zucker*

Rotdorn-Beeren haben keinen besonderen Geschmack; sie sind nur sauer, enthalten aber viel Pektin, so daß man den daraus gewonnenen Saft zweckmäßig zum Gelieren pektinarmer Wildfrüchte, wie Himbeeren, Brombeeren, Holunder, Heidelbeeren und Mehlbeeren verwendet. Man setzt jeweils ein Drittel bis zur Hälfte Rotdorn-Saft zu. Zur Gewinnung werden die verlesenen Beeren entweder, mit Wasser bedeckt, gut ausgekocht und abgetropft oder man gibt sie, mit wenig Zucker durchstreut, in den Dampfentsafter. Die geringe Zuckermenge (auf 1 kg Beeren 50 g Zucker) ist weniger zum Süßen als zum Erleichtern der Saftabgabe bestimmt.

Rotdorn-Sirup

*1 Schüssel Rotdornbeeren, Zucker
¹/₄ l Himbeersaft*

Die sauber gewaschenen, abgeperlten Beeren werden mit Wasser bedeckt gut ausgekocht und abgetropft. Man mißt den Saft und gibt genausoviel Zucker und den Himbeer- oder Holunderbeersaft dazu. Dann kocht man ihn solange, bis er ölig dick ist und gibt ihn in kleine Flaschen. Der Sirup ist sowohl als Beilage zu Süßspeisen, über Eisbecher wie auch als würzigsaure Zutat zu Erfrischungsgetränken zu gebrauchen.

Rotdorn als Zitrone-Ersatz

Rotdornbeeren

Die frischgepflückten Beeren werden entweder in einer Saftzentrifuge ausgeschleudert oder mit wenig Wasser ausgekocht und abgesiebt. Der gewonnene Saft wird frisch zum Würzen von Salaten und Soßen von Erfrischungsgetränken und von Süßspeisen verwendet. Man kann ihn auch in kleinsten Gefäßen einfrieren oder in kleinen Flaschen mit Schraubverschluß sterilisieren.

73

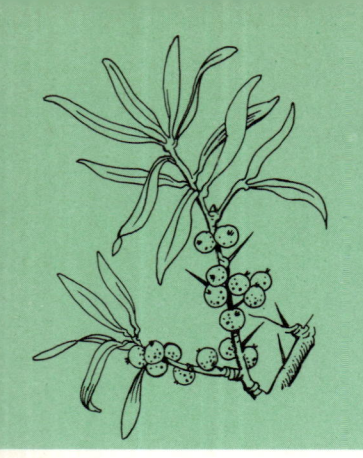

Sanddorn

Hippophae rhamnoïdes

Meerdorn, Seedorn,
Kreutzbeere, Rote Schlehe,
Weidendorn, Korallenbeere

Kennzeichen
Der dornige Strauch wird bis zu 6 m
hoch. Die unscheinbaren Blüten erscheinen vor den Blättern. Die
Oberseite der langen, schmalen, lanzettlichen Blätter ist dunkelgrün, die
Unterseite silberweiß. Die eiförmige, orangerote Frucht ist 6–8 mm
lang; sie schmeckt herb-sauer und ist
ein besonders wirksamer Vitamin-C-
Spender.

Rohe Sanddornbeeren

Sanddornbeeren werden als eine Art zitronensaure Vitaminpillen roh
gegessen. Man kann sie auch roh und reif mehr oder weniger stark zuckern
und dann mit kaltem Rahm, mit Schlagrahm oder Quark servieren. Sie
wirken äußerlich in ihrem kräftigen Orange sehr attraktiv. Ebenso kann
man sie, nachdem sie einige Zeit gut eingezuckert waren, unter Obstsalate,
in Kompotte oder andere Obstspeisen geben.

Sanddorn-Saft, Sanddorn-Mus, Sanddorn-Vollfrucht

Farbbild auf Seite 51

1 kg Sanddornbeeren
½ kg Zucker

Die reifen, noch nicht gefrorenen Beeren werden gewaschen und abgetropft. Man kann sie nun mit einer Saftzentrifuge ausschleudern oder gibt
sie, knapp mit Wasser bedeckt, in einen Topf und läßt sie durchkochen.
Dann treibt man sie durch ein Sieb und würzt das Mus mit reichlich Zucker
und nach Belieben mit etwas Vanillinzucker. Auch ein wenig Anis schmeckt
gut darunter. Das heiße, sehr schön orangefarbene Mark wird heiß in heiße,
weithalsige Flaschen gefüllt und sofort verschlossen. Der dicke, zitronensaure Saft hält sich monatelang. Ebenso kann man ihn roh oder gekocht in
kleine Becher oder Tüten füllen und einfrieren.
Sanddorn-Saft, bzw. Mus oder Vollfrucht ist als wichtiger Vitaminspender
anzusehen, denn er besitzt mehr Vitamine als z. B. die Zitrone und ist
deshalb als aufmunternder Frühlingsmotor, als winterlicher Helfer und als
kulinarischer Gaumenreiz zu betrachten. Er hilft Erkältungskrankheiten
leichter überwinden und macht Müde munter. Wenn er als zu pikant-sauer
empfunden wird, kann man einen Teil Apfel-, Birnen- oder Quittenmus
daruntergeben. Das Mus wird zu Süß- und Mehlspeisen aller Art oder
verdünnt als Getränk oder als Getränkezusatz verwendet.

Standort
Schuttplätze, Fluß- und Waldränder, Böschungen warmer Lagen, vor allem am Alpenrand und an der Nord- und Ostseeküste.

Erntezeit
Spätherbst, am besten noch vor dem ersten Frost, weil die Beeren durch ihn noch herber werden.

Verwertung
Die Beeren geben einen pikanten Saft, eigentlich mehr ein dickliches Mus für Limonaden und zum Marmeladekochen und werden mit Vorteil zur geschmacklichen Bereicherung von Mehlspeisen und Gebäck verwendet.

Sanddorn-Kompott

Sanddornbeeren, Zucker Birnen, Äpfel oder Quitten
1–2 EL Grenadine
2 EL Grand Marnier

Die verlesenen, reifen Beeren werden mit gefällig geschnittenen zarten Birnen- oder Apfelschnitzen (Würfeln) oder mit vorgekochten Quittenschnitzen (Würfeln) in Zuckerwasser gekocht. Dann würzt man das Kompott mit Grenadine und dem Likör und stellt es kalt.

Sanddornbeeren-Gelee

1¼ l (1250 g) Sanddornbeeren-Saft
1750 g Zucker
1 Normalflasche Opekta

Die Sanddorn-Beeren werden knapp mit Wasser bedeckt und bei mäßiger Hitze zum Kochen gebracht. Sobald die Beeren platzen, wird die Masse abgetropft. Nun erhitzt man genau 1¼ Liter Saft mit dem Zucker in einem ausreichend großen Kochtopf unter Rühren und gibt, sobald die Masse gut heiß ist, das Opekta hinein. Das nochmals gut durchgekochte Gelee wird heiß in Gläser gefüllt und sofort mit Einmach-Cellophan verschlossen. Da die Sanddornbeere einen stark säuerlichen Eigengeschmack hat, ist eine Mischung mit Apfel- oder Quitten-Saft zu empfehlen.

Sanddorn-Becher

½ Tasse Milch
½ Tasse Kaffeerahm
3–4 EL Sanddornsaft
1 KL Pulverkaffee

Die Zutaten werden entweder im Mixbecher geschüttelt oder gut verrührt, in passende Gläser gefüllt und nach Belieben mit etwas Schlagrahm garniert.

Sanddorn-Drink

1 Glas kalte Milch
2–3 EL Sanddornsaft
1–2 EL Zucker
1–2 Eidotter
2 P Vanillinzucker

Dieses Getränk kann ganz nach eigenem Geschmack, also mit variablen Zutatenmengen, zusammengestellt werden. Man schüttelt oder verquirlt die Milch mit dem Sanddornsaft, dem Zucker und Vanillinzucker sowie den Eidottern. Man kann auch noch etwas ungespritzte geriebene Orangenschale oder einen Orangenlikör dazugeben.

Sanddorn-Sülzchen

2–3 Äpfel, 2 TL Honig
2 EL Zucker
2–3 EL Sanddornmark
1 Glas Apfelsaft
6 Blatt Gelatine

Die Äpfel werden geschält und fein aufgeraspelt, mit Honig und Zucker, dem Sanddornmark und so viel Apfelsaft vermengt, daß $\frac{1}{2}$ l Masse entsteht. Dann gibt man die aufgelöste Gelatine dazu und füllt damit kleine ausgespülte Tassen. Nach dem Erstarren werden die Sülzchen auf kleine Tellerchen gestürzt und bunt mit kandierten Früchten und Tupfen von Schlagrahm oder mit Schlagcreme und Mandelsplittern garniert.

Sanddorn-Quark

Rahmquark, Sanddornsaft
1 Orange, 2 P Vanillin-
zucker, 2–3 EL Zucker

Unter Rahmquark gibt man beliebig viel dicken Sanddornsaft und würzt mit Zucker nach Bedarf, mit etwas Orangensaft und Vanillinzucker. Der Quark wird in Becher verteilt und nach Belieben mit Eierlikör übergossen oder mit Schlagrahm garniert.

Sanddorn-Freude

1 Vanille- oder
Sahnepudding
2–3 EL Haselnüsse oder
Mandeln, etwas Mandelöl
2 P Vanillinzucker
1 Tasse Sanddornsaft
Eierlikör oder Schlagrahm
oder Schlagcreme

Den frisch gekochten Pudding schmeckt man mit dem Mandelöl und dem Vanillinzucker ab und gibt ihn löffelweise und abwechselnd mit dem Sanddornsaft und den Nüssen in hohe Wein- oder Sektgläser, so daß weiß-orangefarbene Ringe entstehen. Obenauf gibt man Eierlikör, Schlagrahm oder Schlagcreme.

Obstsalat mit Sanddorn

1–2 Äpfel, 3–4 Pfirsiche
1–2 Bananen, 400 g süße,
kleine Tiefkühlerbsen
2 Becher Joghurt
6–8 EL Sanddorn-
Vollfrucht, Zucker nach
Bedarf, etwas Sahne
oder Schlagcreme

Die Früchte werden zerkleinert und mit den übrigen Zutaten gemischt. Man würzt mit der nötigen Menge Zucker und richtet den Salat gefällig an. Um die pikante Schärfe des Sanddornsaftes auszugleichen, garniert man reich mit gesüßtem oder vanilliertem Schlagrahm.

Sanddorn-Eis

1 Banane, 1 Birne
6–8 EL Sanddornsaft
200–250 g Zucker
$\frac{1}{4}$ l Schlagrahm
1 P Vanillinzucker

Banane und Birne werden geschält und fein zerdrückt oder mit dem Zucker, dem Sanddornsaft und dem Vanillinzucker gemixt. Die Masse wird gut kalt gestellt, damit die Säure des Sanddorns nicht den nachfolgend untergemischten Schlagrahm zum Gerinnen bringt. Er soll auch gut gekühlt sein. Man schmeckt noch mit Vanillinzucker nach und gibt die pikante, sauer-süße Masse in das Gefrierfach. Zuletzt garniert man das angerichtete Eis noch mit etwas Schlagrahm und Waffelröllchen.

Sanddorn-Makronen

4 Eiweiß, 250 g Zucker
250 g Mandeln
oder Haselnüsse
2–3 EL dicken Sanddorn-
saft, Oblaten

Das Eiweiß wird sehr steif geschlagen; man gibt unter Weiterschlagen langsam den Zucker (Vanillinzucker), die feingeriebenen Haselnüsse oder Mandeln und den Sanddorn-Saft dazu. Dann formt man mit einem Teelöffel kleine Makrönchen auf Oblaten und bäckt sie bei mäßiger Hitze gar.

Sanddorn-Kokos-Makrönchen

wie Sanddorn-Makronen. Man gibt aber anstelle von Nüssen möglichst frisch geriebene Kokosraspeln und noch ein Stückchen feingehacktes Orangeat dazu. Auch andere, fein gehackte, kandierte Früchte schmecken gut darunter.

Schlehe

Prunus spinosa

Schwarzdorn, Schlehdorn

Kennzeichen
Der sparrige, stark dornige Strauch wird bis zu 6 m hoch. Die weißen, dicht gedrängt stehenden Blüten erscheinen vor den Blättern. Die dunkelgrünen, länglichrunden Blätter sind fein gezähnt. Die kugelige Frucht hat einen Durchmesser vom 10–15 mm, ist schwarzblau, bereift und hat einen Stein. Die Beeren schmecken zunächst sauer, nach starkem Frost aber mehlig-süß.

Schlehen-Sirup

2 l Schlehensaft
1 kg Zucker
1–2 Vanillestangen

Eine Schüssel voll Schlehen, die noch hart und dunkelblau sein sollen, werden kochend heiß überbrüht, so daß sie gerade bedeckt sind. Man stellt sie 2 Tage lang kühl, gießt das Wasser ab, erhitzt es erneut und gießt es wieder über die Schlehen. Nach zwei weiteren Tagen gießt man es erneut über die Beeren. Man siebt sie 2 Tage später ab und gibt nun an 2 Liter so gewonnenen Saft den Zucker und die aufgeschlitzten Vanillestangen und läßt ihn so lange kochen, bis er dicklich ist. Man füllt ihn noch heiß in heiße Flaschen und verschließt diese mit Gummikappen oder Schraubkapseln. Dieser Sirup ist sehr aromatisch und wird wie Himbeersirup zum Übergießen von Süß-, Mehl- und Eisspeisen usw. verwendet.

Schlehen in Zucker

1 kg Schlehen
1 kg Zucker
etwas Zimtrinde und
1–2 Nelkenköpfe oder
Zitronensaft oder
eine Vanillestange

Die Schlehen, die möglichst schon einen Reif abbekommen haben, werden verlesen, gewaschen und in leichtem Zuckerwasser aufgekocht. Dann gießt man den Saft ab und fügt den Rest des Zuckers und die Gewürze hinzu, kocht ihn zu dickem Sirup ein und gibt die Schlehen noch einmal hinein. Man kocht sie darin gar. Wenn der Zuckersaft sich nach 1–2 Tagen Stehen verdünnt hat, gießt man ihn erneut ab und kocht ihn nochmals eine Weile ein; dann gibt man ihn wieder über die Schlehen. Sie müssen stets unter der Brühe liegen.

Schlehen-Gelee

1 l Schlehensaft
Zubereitung wie oben
bei Schlehen-Sirup
1 kg Gelierzucker

Etwa die Hälfte des Gelierzuckers erhitzt man mit dem durch Auskochen gewonnenen, genau abgemessenen Schlehensaft, rührt gut dabei um und gibt den Rest Gelierzucker dazu. Das Gelee muß nun 10 Sekunden brausend kochen und wird sofort heiß in Gläser gefüllt und dann verschlossen.

Standort
Hecken, Waldränder.

Erntezeit
Nach dem Frost; die Schlehen müssen so lange abgelagert werden, bis sie weich und runzelig sind. Dann erst haben sie Aroma und Süße.

Verwertung
Saft, Gelee, Marmelade, Wein, Likör. Süßsaure Schlehen werden in Essig-Zuckerwasser wie Nüsse eingelegt. Der Tee aus den getrockneten Blüten gilt als »Blutreinigungsmittel«.

Schlehen-Marmelade

Etwa 2¹/₂ kg Schlehen
¹/₂ kg Äpfel, 2 kg Zucker

Die Schlehen, die schon einen Frost abbekommen haben, werden über Nacht kochend heiß gebrüht, abgegossen und mit den Apfelschnitzen und etwas Wasser weichgekocht. Man passiert die Masse, gibt den Zucker daran und kocht eine dicke Marmelade daraus.

Süßsaure Schlehen

1 kg Schlehen
¹/₄ l Weinessig
¹/₂ kg Zucker
Zimtrinde
2 Nelkenköpfe

Den Weinessig, ¹/₂ Liter Wasser und den Zucker kocht man auf und gibt die reifen oder nötigenfalls nachgereiften Schlehen-Beeren hinein. Sie werden mit den Gewürzen leise ziehend darin gekocht und nach dem Auskühlen abgetropft. Den Saft kocht man stärker ein und gießt ihn heiß wieder über die Schlehen. Dies wiederholt man nochmals. Zuletzt muß der Saft dickölig die Beeren umschließen. Sie halten sich wochenlang und bilden eine pikante Beilage zu Wild, kalten Platten und dergleichen.

Schlehen-Likör

Gut ¹/₂ kg Schlehen
¹/₂–³/₄ l 96⁰/₀iger Alkohol
500–750 g Zucker, etwas
Muskatnuß oder Zimt
oder Vanillinzucker

Die Schlehen müssen gut reif sein und am besten schon einen Frost überdauert haben. Man halbiert sie, gibt sie in eine Flasche und füllt mit so viel hochprozentigem Alkohol auf, daß sie gut bedeckt sind. Dann läßt man die Schlehen gut verschlossen, etwa 6 Wochen an der Sonne oder in der Nähe des Ofens stehen und schüttelt dabei gelegentlich um. Der gefilterte Likör wird nach Geschmack mit der dick eingekochten Zuckerlösung verrührt und mit etwas Zimtrinde oder 2 erbsengroßen Stückchen Muskatnuß oder 1–2 Päckchen Vanillinzucker gewürzt, in Flaschen gefüllt und möglichst lange gelagert. Je älter er ist, desto besser wird er.

Trauben-holunder

Sambucus racemosa

Roter Holunder, Berholder,
Roter Holler, Hirschholler

Kennzeichen
Der Strauch wird bis zu 4 m hoch;
seine Äste haben ein gelbbraunes
Mark. Die grünlich-gelben, stark
duftenden Blüten stehen aufrecht in
eiförmigen Rispen und erscheinen
zusammen mit den Blättern. Die
Blätter, aus meist 5 gesägten Teilblättchen bestehend, sind beiderseits hellgrün. Die kugeligen, leuchtend roten Beeren enthalten Vitamin C und Provitamin A.

Vorbereitung

Roter oder Traubenholunder muß ohne Kernchen verwendet werden.
Diese enthalten ein Öl, das in größeren Mengen genossen Brechreiz verursacht. Deshalb achte man auch darauf, die Kerne nicht zu zerdrücken. Die
Beeren werden abgeperlt, mit Wasser gekocht und ohne Druck abgetropft.
Wenn zu lange gekocht wird, setzt sich oben eine dünne Ölschicht ab, die
man sorgfältig abschöpft. Noch besser ist es, den Saft in einem Dampfentsafter zu gewinnen. Das an der Oberfläche auftretende Öl kann mit Kü-
chenkrepp oder Filterpapier restlos abgesaugt werden und stört dann nicht
mehr. Da Traubenholunder recht saftergiebig ist, wäre es schade, die oft
reiche Ernte wegen seines Öles nicht zu verwenden. Zweckmäßig mischt
man den Saft von Johannisbeeren, Heidelbeeren oder schwarzen Holunder
darunter. Das neutralisiert den Geschmack.

Gelee von Traubenholunder

*Traubenholunder, Zucker
Opekta*

Der durch Auskochen und Abtropfen der Beeren oder noch besser im
Dampfentsafter gewonnene Saft, der nötigenfalls von seiner oberen Öl-
schicht sorgfältig befreit wurde, wird gewogen. Man kann beliebig viel
Apfel-, Himbeer- oder Brombeersaft daruntermischen. Dann verfährt man
weiter nach dem Rezept Himbeergelee Seite 44 oder Holundergelee
Seite 56.

Standort
Waldränder, Zäune, Weiden, Kahl-
hiebe.

Erntezeit
August.

Verwertung
Saft, Essigersatz, Gelee, Marmelade. Die getrockneten Beeren sind
ein gutes Hühner- und Kückenfut-
ter. Die beim Kochen sich oben ab-
setzende Ölschicht muß entfernt
werden, sie verursacht Brechreiz.

Sülze von rotem oder Traubenholunder

*¹/₂ l Traubenholundersaft
etliche Birnen, Zucker
6–7 Blatt Gelatine
Schlagrahm oder Quark*

Der vorsichtig, wie oben angegeben, gewonnene Saft wird entsprechend
gesüßt und mit der aufgelösten Gelatine versehen. Die erkaltete, nach
Belieben gestürzte Sülze wird mit gesüßtem Schlagrahm oder Quark und
Birnen garniert.

Holunder-Birnen

*500 g Birnen, ¹/₂ l roter
Holunderbeersaft
1 Zitrone
etwas Stangenzimt
2 Nelkenköpfe, Zucker*

Die Birnen werden geschält und vom Kerngehäuse befreit. Man halbiert
oder viertelt sie und kocht sie in rotem Holunderbeersaft mit der entsprechenden Menge Zucker und den Gewürzen weich. Der Holunderbeersaft
muß rein und nötigenfalls entölt sein, so wie unter Vorbereitung beschrieben ist. Dann nimmt man die Gewürze heraus und stellt das Kompott gut
kalt; die Birnen sollen schön rosa sein.

Holunder-Suppe

*1 Schale Holunderbeeren
500 g Zwetschgen
Zucker nach Bedarf
etwas Zimtrinde und
2 Nelkenköpfe
1 Gläschen Rum
oder Weinbrand
1–2 EL Himbeersaft
¹/₂ EL Stärkemehl*

Die Holunderbeeren werden ausgekocht; dann wird der Saft wie eingangs
beschrieben, sorgfältig entölt und mit den entsteinten Zwetschgen, dem
Zucker und den Gewürzen in einem Säckchen gut durchgekocht. Man
nimmt die Gewürze heraus und gibt die Masse durch ein grobes Sieb oder
verschlägt sie mit dem Schneebesen und dickt sie leicht mit dem angerührten Stärkemehl ein. Dann wird die Suppe mit Rum oder Weinbrand, nach
Belieben mit etwas Vanillinzucker oder Zitronensaft nachgeschmeckt. Man
kann noch geröstete Semmelwürfel oder zerbrochenen Zwieback oder
Mandelmakrönchen hineingeben.

Wald-erdbeere

Fragaria vesca

Rote Beesinge

Kennzeichen
Die Pflanze mit ihren Ausläufern hat aufrechte Stengel mit 3–10 weißen Blüten. Die Blätter sind eiförmig und gesägt. Die Beere ist eine soge-nannte Scheinfrucht: Die Körnchen an ihrer Außenseite sind die wirkli-chen Früchte, das Fleisch entsteht aus dem Blütenboden. Die wohl-

Erdbeeren mit Rahm

Erdbeeren, Zucker, Rahm

Die Erdbeeren werden durchgezuckert, sehr kalt gestellt und mit flüssigem, kalten Rahm serviert.

Erdbeer-Rahm

Walderdbeeren, Schlag-rahm
Zucker, Vanillinzucker
Eierlikör, Schokolade
oder Krokantstreusel

Die möglichst reifen, durchgezuckerten Beeren werden unter den steifen, vanillierten und gesüßten Schlagrahm gehoben. Man richtet ihn an und gießt Eierlikör darüber. Nach Belieben kann man noch Krokantstreusel oder geraspelte Schokolade darauf verteilen.

Walderdbeeren Silvia

1 Schale reife
Walderdbeeren
½ Orange, etwas Zucker
2–3 Gläser Maraschino

Von einer ungespritzten Orange reibt man die Schale fein ab und vermischt sie mit Zucker und nach Belieben mit 1–2 Päckchen Vanillinzucker. Damit würzt man die verlesenen Walderdbeeren und übergießt sie mit dem Mara-schino. Die Beeren müssen sehr kalt gestellt werden.

Erdbeerschale nach Feinschmecker-Art

1 Schale Walderdbeeren
1 Orange, ½ Zitrone
1–2 Gläschen Grand
Marnier, Zucker
1 Becher Schlagrahm
1–2 P Vanillinzucker

Die reifen, sauber verlesenen und kaltgestellten Erdbeeren werden durch-gezuckert und mit dem Saft der Orange und der Zitrone sowie dem Grand Marnier vorsichtig durchgerührt und dann nochmals kaltgestellt. Man gar-niert die Schale vor dem Auftragen mit vanilliertem Schlagrahm und streut entweder ganz dünn Kakao obenauf oder reibt etwas Muskatnuß darüber.

schmeckende, zuckerreiche Beere hat ihr volles Aroma erst, wenn sie ringsum dunkelrot ist.

Standort
Sonnige Kahlschläge, Waldränder, Wegraine.

Erntezeit
Mai bis Juni.

Verwertung
Rohgenuß, Rohmarmelade. Aromaträger für Süßspeisen, Limonaden und Bowlen.

Feinschmecker-Erdbeeren

Halb Walderdbeeren, und halb Himbeeren, Zucker nach Geschmack, etwas Zitronat, $^1/_2$ Zitrone 2 Gläschen Weinbrand Schlagrahm oder Schlagcreme

Die möglichst reifen Erdbeeren werden mit den Himbeeren gemischt, nach Bedarf eingezuckert und mit dem Zitronensaft sowie dem Weinbrand vermischt. Man stellt die Schale sehr kalt und garniert sie zuletzt mit Schlagrahm oder Schlagcreme.

Erdbeer-Milch

Eiswürfel, $^1/_2$ l Milch 100–125 g Zucker 250 g Walderdbeeren 1 P Vanillinzucker einige Tropfen Zitronensaft

Die sehr kalte Milch wird mit dem Zucker verrührt; es kann sich hierbei um Voll-, Mager- oder um Sauer- oder Buttermilch handeln. Man gibt die passierten oder gut zerdrückten Walderdbeeren, die schön reif sein sollen sowie den Vanillinzucker und den Zitronensaft dazu. Die Milch wird mit Eiswürfeln in Bechern serviert.

Erdbeer-Mix

Eiswürfel, 1 Cocktailglas Walderdbeersaft 1 Cocktailglas Mehlbeer- oder Apfelsaft, 1 Ei 1 Cocktailglas Milch 1–2 Likörgläser Weinbrand, 1 Spritzer Angostura

2–3 Tumbler (Becher) oder 4–5 Cocktailgläser werden zur Hälfte mit zerkleinertem Eis gefüllt. Dann schüttelt man die übrigen Zutaten im Shaker und seiht sie über das Eis. Die Oberfläche wird mit Walderdbeeren garniert. Dazu reicht man einen Saughalm.

Erdbeer-Cobbler

Eiswürfel, 1 Barlöffel Maraschino, 1 Barlöffel Zucker, Walderdbeersaft Walderdbeeren

Das Cobblerglas wird gut zur Hälfte mit zerstoßenem Eis gefüllt. Man gibt den Maraschino und den Zucker darauf, füllt mit Erdbeersaft auf und garniert mit frischen Walderdbeeren.

Erdbeer-Drink

¹/₄ l Milch, ¹/₄ l Walderd-
beeren, 2 Likörgläser
Rum, ¹/₂ Zitrone
etwas Schlagrahm
oder Schlagcreme, Zucker

Die Erdbeeren werden zerstampft, nicht im Mixer püriert; sie müssen recht reif sein. Man würzt sie mit Rum, Zitronensaft und Zucker und verschlägt sie mit der Milch. Der Drink wird in kleine Gläser verteilt und obenauf mit etwas Schlagrahm oder Schlagcreme garniert. Man kann noch Raspelschokolade oder Mandelsplitter darüberstreuen.

Erdbeer-Eis-Drink

Eiswürfel, 1 Tasse
Walderdbeeren
1 Tasse süßer Rahm
1 TL Schokoladepulver
1 TL Zucker
2–3 EL Milch
1 Portion Vanille-Eis

Die zerdrückten, reifen Walderdbeeren, Rahm, Zucker, Schokoladepulver, Milch und 2–3 Eiswürfel werden im Shaker geschüttelt. Man gibt dann in Cocktailschalen oder Kelchgläser je 1 Kaffeelöffel Vanille-Eis und verteilt den Milch-Mix darüber.

Erdbeer-Sekt

Erdbeersaft, Eiswürfel
Sekt

In Sektgläser gibt man etwa ¹/₃ Erdbeersaft über 1–2 Eiswürfel und gießt mit Sekt auf.

Erdbeer-Bowle

1 Schale reife Walderd-
beeren, 3–4 EL Zucker
2 Flaschen Weißwein
1 Flasche Sekt

Die gut reifen, verlesenen Erdbeeren werden vorsichtig gewaschen und in ein Bowlengefäß gegeben. Man bestreut sie mit genügend Zucker und läßt sie eine Weile kühl stehen. Dann gießt man den Weißwein darüber, läßt 1 Stunde ziehen und gibt kurz vor Gebrauch den Sekt dazu.

Erdbeeren in Honig-Rum

1 EL Honig, 2–3 EL Rum
etwas Zucker, ¹/₂ Zitrone
Walderdbeeren, Schlag-
rahm, Kekse

Honig, Zucker und Rum verrührt man mit etwas Zitronensaft glatt und badet darin schöne, reife Erdbeeren, die vorsichtig umgerührt werden. Man verteilt sie auf Schälchen, garniert sie mit Schlagrahm oder mit Schlagcreme sowie mit feinen Nußkekschen oder Mandelmakronen.

Erdbeer-Traum

1 Schale Walderdbeeren
Zucker, Zitronensaft
Schokolade-Eis
je Portion 1 EL Eierlikör

Das Schokolade-Eis wird in Würfel geschnitten und mit durchgezuckerten und mit Zitronensaft beträufelten Erdbeeren auf Schälchen verteilt. Man gießt den Eierlikör darüber und kann noch mit Schokoraspeln verzieren.

Erdbeer-Orangen-Salat

2–3 süße Orangen
1 Schale Walderdbeeren
Zucker, Zitronensaft
etwas Cointreau oder
Grand Marnier
ein Stückchen Ingwer

Die sauber verlesenen, möglichst reifen Erdbeeren werden ganz kurz gewaschen und gut abgetropft. Man gibt die sorgfältig geschälten und ohne Kerne aufgeschnittenen Orangenspalten, Zucker, den Likör und den Zitronensaft darunter und mischt den Salat sehr vorsichtig. Er wird kaltgestellt und dann mit fein aufgeriebenem kandierten Ingwer überstreut.

Erdbeer-Apfelsalat

2 reife, aromatische Äpfel
1 Schale Walderdbeeren
3–4 EL Zucker, 2 Likör-
gläser Weinbrand
1/2 Zitrone, 1 Orange
Vanillinzucker oder
etwas Anis

Die gut reifen, verlesenen Erdbeeren werden durchgezuckert; dann schält man die Äpfel und schneidet sie in dünne Scheibchen. Man beträufelt sie mit dem Saft von Orange und Zitrone und gibt den Zucker, den Weinbrand und die Erdbeeren vorsichtig darunter. Zuletzt streut man Vanillinzucker oder ganz wenig Anis darüber.

Erdbeer-Becher

Walderdbeeren (oder
Himbeeren)
1 Becher Schlagrahm
1–2 EL Zucker
2 Likörgläser Curacao
ein Stück kandierter
Ingwer
2 P Vanillinzucker
etwas Muskat

Zuerst zuckert man die reifen, gut verlesenen Erd- oder Himbeeren (oder beides gemischt) stark ein und stellt sie sehr kalt. Dann schlägt man den Rahm mit Zucker steif, fügt den Curacao, den in kleine Würfel geschnittenen Ingwer und den Vanillinzucker hinzu und mischt die Erdbeeren samt ihrem Saft unter den Rahm. Sie sollen so lange damit gerührt werden, bis er zart-rosa ist. Dann richtet man ihn an und streut etwas geriebene Muskatnuß darüber.

Erdbeer-Eisbecher

1 Portion Vanille-Eis
reife Walderdbeeren oder
Himbeeren, 1 Tafel
Schokolade, etwas Butter

Zuerst läßt man die Schokolade in milder Wärme schmelzen und verrührt sie dann mit der Butter. Sie wird in heißem Wasser warm gehalten. Dann schneidet man das Vanille-Eis in Würfel, gibt die möglichst kalten und reifen, gut durchgezuckerten Erd- oder Himbeeren darüber und reicht die heiße Schokolade dazu.

Erdbeer-Melba

1 Schale Walderdbeeren
1 Portion Vanille-Eis
Zucker, 2–3 Gläschen
Kirschwasser
1 Becher Schlagrahm
Mandelsplitter

Die Hälfte der Erdbeeren werden fein zerdrückt und mit Zucker und dem Kirschwasser durchgerührt; die andere Hälfte wird leicht durchgezuckert und in Weingläser verteilt. Darauf schichtet man etwas Vanille-Eis und gießt das süße Erdbeermark darüber. Obenauf garniert man mit gesüßtem Schlagrahm und streut dicht Mandelsplitter darauf.

Feine Erdbeer-Sülze

1 Schale Walderdbeeren
200 g Rahmquark
2–3 EL Zucker
2–3 EL Rum, 4–5 Blatt
Gelatine, etwas Orangen-
saft, 1 Becher Schlagrahm

Die Erdbeeren werden zerdrückt; besonders schöne legt man gesondert. Unter das Erdbeermark rührt man den Quark, die aufgelöste Gelatine, den Zucker und den Orangensaft. Zuletzt füllt man die Masse in eine Schale. Sie wird mit gesüßtem oder vanilliertem Schlagrahm oder Quark reich garniert und noch mit schönen Erdbeeren verziert. Man kann auch eine recht kalte, gut süße Vanillesoße dazu geben.

Rohe Erdbeer-Marmelade

1 kg Walderdbeeren
1 kg Zucker

Die Erdbeeren müssen gut verlesen sein, damit keine unreifen Früchte darunter sind; nach Belieben kann man auch einige reife Himbeeren dazugeben. Sie werden mit einem Stampfer zerdrückt und mit der gleichen Menge feinem Zucker gut gerührt. Man läßt sie dann eine Weile stehen, damit sich der Zucker restlos lösen kann und rührt nochmals $^{1}/_{2}$–$^{3}/_{4}$ Stunde weiter. Dazu kann man eine Rührmaschine, nicht aber den Mixer verwenden, denn die feinen Samenkörnchen dürfen nicht zerschlagen werden, sonst schmeckt die Masse grasig und leicht bitter. Die sehr gut verrührte und zunächst noch ein wenig flüssige Marmelade wird in heiß gespülte, sehr saubere Gläser randvoll eingefüllt und sofort mit Einmach-Cellophan verschlossen. Die Marmelade soll nicht länger als höchstens 2–3 Monate stehen, sonst wird sie braun, verliert Aroma und setzt womöglich Schimmel an.

Erdbeer-Törtchen

Mürbteig oder fertig-
gekaufte Törtchen
1 Sahnepudding, 1 Ei
etwas Butter, 2 EL Rum
Walderdbeeren, Zucker
Schlagrahm
Vanillinzucker

Aus selbstbereitetem Mürbteig formt man kleine Schälchen, wenn man nicht vorzieht, sie fertig zu kaufen. Dann kocht man einen Sahnepudding nach Vorschrift, gibt ein Stückchen Butter, 1 Eidotter und zuletzt den steifen Eischnee sowie etwas Rum darunter und füllt mit dem noch heißen Pudding die Törtchen halb voll. Darauf gibt man reichlich durchgezuckerte, reife Walderdbeeren und garniert obenauf mit einer Haube von gesüßtem, vanilliertem Schlagrahm. Man setzt noch einige Erdbeeren hinein.

Erdbeer-Omelettes

250–300 g Erdbeeren
3 Eier, 180 g Zucker
1 P Vanillinzucker
Salz, 80 g Mehl
80 g Stärkemehl
2 gehäufte TL Back-
pulver, $^{1}/_{4}$ l Rahm
Zucker

Die Eiweiß werden mit 3 Eßlöffeln Wasser, dem Zucker, Vanillinzucker und Salz gut geschlagen. Man hebt die Eidotter und das mit dem Backpulver vermischte Mehl und Stärkemehl darunter. Dann gießt man je 3 Eßlöffel von diesem zarten Teig so auf ein gefettetes Backblech, daß die Omelettes breitlaufen können. Je 4 Omeletts werden 5–6 Minuten bei 225° C rasch gebacken, noch heiß vom Blech gelöst, zusammengeklappt und mit Puderzucker bestreut. Dann füllt man sie mit steifgeschlagenem Rahm, unter den die gesüßten, gut reifen Erdbeeren gehoben wurden.

Löwenzahn-Salat ▷
Rezept auf Seite 117

Erdbeer-Baisers

3 Eiweiß
150 g Puderzucker
1 TL Zitronensaft
1 Schale Erdbeeren
¹/₄ l Schlagrahm, Zucker
Vanillinzucker

Das sauber abgetrennte Eiweiß wird zackig steif geschlagen und mit dem eingestreuten, gesiebten Puderzucker weitergeschlagen. Je kälter das Eiweiß ist, desto rascher wird der Schnee steif. Man gibt den Zitronensaft dazu und formt mit einem Löffel oder mit der Spritze mit großer Tülle Häufchen auf das saubere Blech und bäckt, eigentlich trocknet die Baiser 70–80 Minuten lang bei nur 120–130° C. Sie müssen trocken, hart und schneeweiß sein. Je 2 füllt man bei Gebrauch mit Schlagsahne, die mit den gesüßten Erdbeeren und Vanillinzucker versehen wurde.

Erdbeeren in Portwein

1 Tasse Zucker
1 Tasse Wasser
1 Tasse Portwein
Löffelbiskuits
1 Schale Erdbeeren

Der Zucker und das Wasser werden sehr stark durchgekocht, bis die Masse dickölig ist. Man zieht den Topf vom Feuer, gibt den Portwein und nach Belieben einen Spritzer Zitronensaft dazu und serviert diese Soße mit Löffelbiskuits zu den Erdbeeren. Man kann sie auch gleich darüber gießen.

Erdbeerspeise Prinzessinnen-Art

3–4 Scheiben Voll-
kornbrot, 2 EL geriebene
Schokolade
¹/₄ l Schlagrahm
2–3 EL Zucker
2–3 EL Grand Marnier
500 g Erdbeeren

Das möglichst alte Vollkornbrot wird aufgerieben und mit dem Zucker, dem Kirschwasser und dem steifen Schlagrahm vermischt. Man kann mit etwas Vanillinzucker oder Mandelöl nachwürzen. Dann hebt man die durchgezuckerten Erdbeeren darunter und serviert sofort.

Eingriffe-liger Weißdorn

Crataegus monogyna

Hagedorn, Mehldorn

Kennzeichen
Der Strauch mit seinen dornigen Zweigen wird bis zu 8 m hoch. Die weißen, stark riechenden Blüten stehen in Doldenrispen. Die meist 5teiligen Blätter sind gelappt, die Blattlappen an der Spitze häufig gesägt. Die kugeligen, roten Früchte haben einen Durchmesser von 6–10 mm und einen sehr harten Kern; wegen

Weißdorn-Gelee

Die roten Weißdorn-Beeren besitzen sehr viel Pektin und geben daher ein rasch steifendes Gelee. Man kocht sie gut aus, tropft sie ab und verkocht dann den Saft mit gleichviel Zucker, bis die Geleeprobe gelingt. Wenn man Gelierzucker oder ein flüssiges Geliermittel verwendet, benötigt das Gelee nur wenige Minuten Kochzeit und man hat überdies keinen Gewichtsverlust.
Infolge des hohen Pektingehaltes ist der Saft der Weißdornbeeren eine gute Gelierhilfe für andere pektinarme Früchte, wie Himbeeren, Brombeeren, Holunderbeeren sowie verschiedene Gartenfrüchte.

Weißdorn-Ebereschen-Marmelade

1,5 kg Weißdorn-Beeren
1 kg Ebereschen-Beeren
2¹/₂ kg Zucker, 1 Normalflasche Opekta 2000

Die gereinigten Weißdorn- und Ebereschen-Beeren werden mit 1¹/₂ Liter Wasser 20–25 Minuten gekocht. Man drückt sie durch ein Sieb und wiegt von diesem Fruchtmus genau 2 kg ab. Nun fügt man den Zucker hinzu, bringt die Masse unter Umrühren zum Kochen und läßt sie 10 Minuten brausend wallen. Danach rührt man Opekta 2000 ein, kocht noch einmal kurz auf und füllt die nun fertige Marmelade heiß in vorgehitzte Gläser und verschließt sie sofort.

Weißdorn-Holunder-Gelee

1¹/₂ kg Weißdornbeeren
1¹/₂ kg Holunderbeeren
2¹/₂ kg Zucker
10 g Zitronensäure

Die Beeren werden getrennt gekocht. Man bedeckt sie knapp mit Wasser, kocht sie gut aus und läßt sie in einem Sieb oder Stoffsack restlos abtropfen. Der Saft wird gewogen und mit der gleichen Menge Zucker sowie der Zitronensäure oder Citropekt bis zur Geleeprobe gekocht. Es ist sehr aromatisch und besonders zum Füllen von Gebäck geeignet.

ihres mehligen Fruchtfleisches werden sie manchmal »Mehlfäßchen« genannt.

Standort
Wege, Zäune, Waldränder, Weiden.

Erntezeit
Spätherbst.

Verwertung
Saft und Gelee. Die rohen, getrockneten Früchte sind ein ausgezeichnetes Hühnerfutter. Die mehligen Früchte werden industriell auch zu Kaffee-Ersatz verarbeitet. Weißdorn ist auch Grundlage verschiedener Medizinen.

Pikante Weißdorn-Sülzchen

1 Schale Weißdornbeeren
2–3 Äpfel
1 Stück Meerrettich
1 Stück Sellerie
Salz, Pfeffer, Kardamom
etwas Senf, eine gute
Prise Zucker
Zitronensaft
6 Blatt Gelatine

Die Beeren werden mit Wasser bedeckt ausgekocht und abgetropft. Man gibt den geschälten und feingeriebenen Apfel, den Meerrettich sowie Sellerie, beide gleichfalls feingerieben, dazu. Die Masse wird mit Salz, Pfeffer, Kardamom, Zitronensaft und etwas Senf sowie einer Prise Zucker sehr herzhaft leicht süßsauer gewürzt und gemessen. Sie muß $\frac{1}{2}$ Liter ausmachen und wird mit 6 Blatt aufgelöster Gelatine vermengt. Man füllt kleine, gespülte Tassen oder Förmchen, stellt sie sehr kalt und stürzt sie nach dem Erstarren. Die Sülzchen werden entweder mit etwas Tomatenmark aus der Tube und Eischeiben oder mit Radieschen garniert und zu kalten Platten, Schinken oder Käse gegeben. Sie sollen sehr gut kalt sein.

Weißdorn-Tee

Getrocknete Weißdorn-
beeren, etwas Honig
Rum, Zitrone

Die Beeren werden etwa 10 Minuten gekocht und noch eine Weile zum Nachziehen heiß beiseite gestellt. Man siebt den Tee ab und gibt ihn mit Zucker oder etwas Himbeersaft, Rum und Zitrone oder nach Belieben auch mit kaltem Rahm zu Tisch.

Wildkirsche

Prunus avium

Kennzeichen
Der Baum wird nahezu 20 m hoch; auffallend ist seine rot- bis schwarzbraune Rinde, die sich in Querstreifen abringelt. Ohne Laubblätter stehen die weißen Blüten in doldigen Büscheln. Die Blätter sind verkehrt eiförmig und am Ende zugespitzt. Die schwarzrote Steinfrucht hat wenig Fruchtfleisch.

Standort
Waldränder, Weiden, sonnige Hänge.

Erntezeit
Juli/August.

Verwertung
Saft, Likör, Wein. Das Innere der Kerne nach dem Aufschlagen des Steines als Bittermandelersatz. Sehr gutes Aroma für Limonade, Likör usw.

Wildkirsch-Saft

Da die Kirschen im Verhältnis zu ihrem Stein sehr klein sind, ergeben sie natürlich wenig Masse. Trotzdem sollte man die Wildkirschen, wenn sie gut reif sind, pflücken und zu Saft verarbeiten, weil er sehr aromatisch schmeckt. Die Früchte werden am besten nach dem Waschen in einen Dampfentsafter gegeben und leicht durchgezuckert (auf 1 kg Kirschen 50 g Zucker). Dann schlägt man eine Handvoll Kirschsteine auf, kocht sie in wenig Wasser gut durch und gibt diesen fein nach Mandelöl schmeckenden Extrakt unter den Saft. Er wird in Flaschen gefüllt und 30 Minuten bei 80° C sterilisiert. Wildkirschen-Saft ist ein feiner Zusatz für Marmeladen, Limonaden, Cocktails und Obstspeisen jeder Art. Man kann ihn auch sauren Wildfrüchten, wie Berberitzen oder Ebereschen zusetzen, um sie milder zu machen und um Zucker zu sparen.

Wildkirsch-Likör

1½ kg Kirschen
1¼ kg Zucker
1 l guter Weinbrand

Die gut gewaschenen Kirschen werden in einem Mörser samt Kernen gut gestampft. Man gibt die gesamte Masse mit dem Zucker in eine große, möglichst weithalsige Flasche und gießt 1 Liter Weinbrand darüber. Nun stellt man die Flasche 2–3 Wochen in die Sonne oder in die Nähe des Ofens und schüttelt dabei mehrmals, damit sich der Zucker restlos löst. Die Flasche soll gut mit Pergamentpapier oder Cellophan zweifach zugebunden werden, damit das Aroma gesammelt bleibt. Dann wird der jetzt fertige Likör auf Flaschen gefüllt und gut zugekorkt. Je älter er werden kann, desto aromatischer und voller schmeckt er.
Die zurückbleibende Kirschenmasse kann man mit etwas kochendem Wasser überbrühen und den Saft dann entweder unter ein Kompott rühren oder etwas einkochen und zu Puddings, Cremes und anderen Süßspeisen verbrauchen.

Ab der nächsten Seite folgen die Grundrezepte für die bisher genannten Wildfrüchte.

92

Verwertung von Wildfrüchten – Grundrezepte

Die meisten Wildfrüchte enthalten wertvolle Bestandteile an Fruchtzucker, Fruchtsäuren, Mineralsalzen, Vitaminen usw. Sie sollten daher, ihrer Art entsprechend, in weit größerem Ausmaße verwendet werden. Sie bringen zudem eine aparte Note in unseren, oft recht gleichförmig gewordenen Küchenplan. Man kann sie nur in den wenigsten Fällen kaufen, sodaß sie allein dadurch schon an kulinarischem Reiz gewinnen.
Viele Sorten kann man roh, die meisten Früchte aber gleichartig verwerten, sodaß man also viele Rezepte untereinander austauschen kann.

Rohe Wildfrüchte

Kurz gewaschene und verlesene Beeren werden entweder rein oder mit Zucker bestreut oder mit Milch, Quark oder Joghurt gegessen; besonders gut schmeckt nach schwedischer Art kalter Rahm oder Schlagrahm dazu. Man kann die Beeren auch zerdrücken und unter Quark, Rahm, Schlagrahm oder Joghurt mischen. Erdbeeren kann man mit Zucker und Zitronensaft, Heidelbeeren mit etwas Zimt, Brombeeren mit Vanillinzucker oder Orangenlikör würzen und noch Schlagrahm dazureichen. Die zerdrückten Beeren lassen sich auch als Soße oder Fülle für Kuchen, Gebäck, Süßspeisen wie Puddings, Mehlspeisen wie Eierkuchen oder dergleichen verwenden, ebenso lassen sich die Beeren als Aromaträger für Bowlen, Limonaden und andere Getränke gebrauchen.

Das Trocknen von Wildfrüchten

Die gut ausgereiften Früchte werden verlesen und auf Draht- oder Gazerosten, Brettern oder Tüchern dünn ausgebreitet und an der Sonne oder im Wind getrocknet. Auch die auskühlende Ofenröhre kann hierzu gebraucht werden. Die Früchte dürfen aber nicht mehr als anfangs bis 60, später bis 40° C bekommen. Man kann sich bei größerem Bedarf spezielle Roste aus Latten mit Draht oder mit dünnem Stoff selbst herstellen. Zum Aufstocken der Horden nagelt man innerhalb der 4 Ecken jedes Rahmens kleine Füßchen an. Die Früchte sollen noch 2–3 Tage an der Luft nachtrocknen; sie werden dann in Gazesäckchen luftig aufbewahrt. Bei Gebrauch weicht man sie einige Stunden vor und kocht sie dann mit Zucker langsam durch. Besonders zweckmäßig ist das Trocknen reifer Heidelbeeren, die das ganze Jahr über als wirksames Gegenmittel bei Durchfall, Darmkatarrh und anderen Darmstörungen, vor allem bei Kindern, angewendet werden können. Ebenso sind getrocknete Hagebuttenhälften als Tee empfehlenswert.

Das Tiefgefrieren von Wildfrüchten

Eine moderne, aber nicht minder wichtige Art der Konservierung, vorausgesetzt, daß ein Tiefkühlmöbel vorhanden ist, bildet das häusliche Einfrieren, das insbesondere für Heidelbeeren, Himbeeren, Brombeeren usw. in Frage kommt. Die Früchte oder das Fruchtmus werden nach Belieben mit oder ohne Zucker in Cellophanbeutel oder in Plastikgefäße gegeben. Man verschließt die Packungen gut und legt sie in den Gefrierschrank an den kältesten Platz, so daß sie rasch bis ins Innere durchfrosten. Man kann sie bis zu einem Jahr in der Tiefkühltruhe aufbewahren. Zum Auftauen werden die Früchte, je nach Größe der Packungen, 2–3 Stunden in einen zimmerwarmen Raum gegeben. Bereits vor dem Eineisen gezuckerte Früchte sind besser durchgesüßt als die anderen. Man gibt kalten Rahm oder Schlagrahm oder eine Vanillesoße dazu oder verwendet sie als Kuchenbelag oder als Beilage zu Mehl- und Süßspeisen und dergleichen mehr.

Saft und Süßmost

Es ist nicht möglich, bei jedem Rezept den ganzen Komplex der Zubereitung zu wiederholen. Deshalb soll hier eine etwas ausführlichere Beschreibung eingefügt sein, die generell für alle Saftrezepte gilt.
Die Saftgewinnung kann verschiedenartig durchgeführt werden, je nach den vorhandenen Küchengeräten und der Fruchtmenge. Die einfachste Art ist das *Auskochen* der Früchte und das nachfolgende Abtropfen oder Abpressen. Man setzt die sauber abgeperlten, gewaschenen Früchte knapp mit Wasser bedeckt zu, und kocht sie je nach ihrer Art 20–30 Minuten durch. Beim Auskochen der Früchte ist genau auf das Rezept zu achten, damit sie entsprechend ihrer Art vorher entkernt oder zerstampft oder nachgereift oder sonstwie richtig vorbereitet, in den Topf kommen.
Herbe Früchte sollen nur die kürzeste Zeit gekocht werden, sonst löst sich die in der Haut oder in den Kernen enthaltene Gerbsäure zu stark und der Saft wird dadurch herb bis bitter. Das gilt auch für das Zerkleinern und Pressen solcher Fruchtsorten. Für sie eignet sich am besten das milde *Dampfentsaften,* weil sie dabei nicht bis zum Kochgrad, sondern nur bis rund 75° C erhitzt werden! Es handelt sich dann dabei um Süßmost.
Auch *Saftzentrifugen* sind sehr brauchbar, aber meist nur für kleinere Mengen von Frischsaft.

Zum *Aufbewahren* der Säfte sammelt man am besten passende Flaschen mit dem bequemen Schraub- oder Twist-Off-Verschluß, wie man sie beim Kauf von Säften, Mineralwasser, Ketchup, pikanten Soßen, Pulverkaffee usw. bekommt. Man kann große und kleinere Flaschen verwenden und sollte sie mit den sauber gereinigten Deckeln oder Kapseln offen und liegend aufbewahren. Dadurch nehmen sie keinen schlechten Geruch an und verstauben auch nicht. Vor Gebrauch spült man sie samt den Verschlüssen heiß aus. Rostige und defekte Deckel oder verschimmelte Deckeleinlagen taugen nichts mehr. Man hält die Flaschen heiß, füllt sie so heiß wie möglich bis knapp unter den Rand ein und verschließt sie mit den steril und heißgehaltenen Deckeln. Dann läßt man sie, am besten zugedeckt, langsam auskühlen. Sie sind auf diese Weise unbegrenzt lange sicher verschlossen. Aber nicht vergessen: Saft und Flaschen samt Deckeln müssen heiß sein!

Es gibt auch Saftflaschen zum Sterilisieren. Sie haben spezielle kleine Gummiringe, passende Glasdeckel und Klammern. Auch saubere, am besten helle Wasserflaschen sind zu verwenden. Sie sollen einen Schraubverschluß haben oder müssen mit ausgekochten Korken und Bindfadenverschluß versehen werden, was aber umständlich und wesentlich weniger sicher ist.
Wenn man nicht die heißen Säfte in die heißen Flaschen geben und mit dem Vakuumverschluß sofort versorgen kann, muß man sie sterilisieren. Spezialflaschen werden sofort verschlossen und mit Klammern versehen; alle anderen Wein- oder Saftflaschen füllt man nur bis etwa 2–3 Finger breit unter den Rand ein, denn der Saft steigt beim Erhitzen. Man kocht die auf einem Rost und etwa $^3/_4$ hoch im Wasser stehenden Flaschen 30 Minuten bei 75° C; dann sind sie eben nur pasteurisiert und mit den Vorzügen von Süßmost belassen, oder bei 90° C, dann sind sie gekocht und damit zeitlos lange konserviert. Das Pasteurisieren (75° C) ist vorzuziehen, wenn der Saft etwa von Himbeeren, Brombeeren und anderen süßen Früchten stammt, die man als Natursäfte trinken will. Das Sterilisieren empfiehlt sich bei Mangel an Flaschen mit guten Verschlüssen und wenn man kein Dampfentsaftergerät benützt, vor allem für pikante, saure oder konzentrierte Säfte in kleineren Mengen, wie man sie zum Mixen, Kochen, als Zitronenersatz usw. verwendet. Man gibt sie zweckmäßig in entsprechend kleine Flaschen. Ob man die Säfte schon beim Konservieren oder erst bei Gebrauch voll zuckert, ist für die Haltbarkeit unwesentlich, es ist lediglich bequemer, die Säfte schon gebrauchsfertig entnehmen zu können.
Zum Einfrieren gibt man die Säfte in Tüten oder Plastikgefäße. Weiteres wie bei »Tiefgefrieren von Wildfrüchten« beschrieben.

Blüten-Sekt

Eine Schale Blüten
1 kg Zucker, $^1/_4$ l Weinessig, 10 l Wasser
2 Zitronen oder
1 Tasse Berberitzensaft

Besonders gut ist sogenannter Blüten-Sekt, der aus Linden-, Pfefferminz-, Holunder-, Akazien- und Waldmeisterblüten, aus Rosenblättern usw. hergestellt werden kann. Dazu nimmt man die entsprechenden Blüten oder Blätter, legt sie in einen großen Steintopf und gibt den Zucker und Essig darauf. Man übergießt sie mit dem Wasser, fügt den Saft der Zitronen oder Berberitzensaft hinzu und rührt gut durch. Nach 2 Tagen gießt man das Getränk durch ein Sieb, füllt es in Flaschen, verkorkt diese gut, bindet sie fest zu und stellt sie kühl. Da dieser »Sekt« stark treibt, müssen die Flaschen starkwandig sein; man verwendet daher Sektflaschen und lagert sie kühl. Die Limonade moussiert auch wie Sekt und wirkt sehr erfrischend. Siehe auch Holunder-Sekt Seite 50.

Likörbereitung

Liköre aus Wildfrüchten schmecken besonders fein und sind für den, der Spaß an ihrer Selbstbereitung hat, ein erfolgreiches Hobby. Die Früchte, besonders Himbeeren, Brombeeren, Hagebutten, Schlehen, Sanddorn, Wacholder, Cornelkirschen und auch Eberesche werden zerdrückt und in eine weithalsige, große und helle Flasche gegeben, mit reinem Alkohol (Weingeist aus der Apotheke) übergossen und an der Sonne oder an der Ofenwärme ausgezogen. Wenn das Aroma nach etwa 3 Wochen in den Alkohol übergegangen ist, wird dieser filtriert und mit etwa der Hälfte der Gewichtsmenge geläuterten Zucker verrührt. Dieser mit wenig Wasser gekochte Zuckersirup wird dann unter den Alkohol gegossen. Man füllt den Likör auf Flaschen und läßt ihn wenigstens 1 Jahr stehen.

Limonaden

Zu einfachen, erfrischenden Getränken eignen sich sowohl rohe, wie konservierte Wildfruchtsäfte, ebenso wie nur einfach zerdrückte Beeren. Man würzt die Limonaden mit Zitronen- oder Berberitzensaft oder dergleichen und gießt mit Wasser oder Mineralwasser, mit kaltem Tee oder Fruchttee oder mit etwas Weißwein auf.

Mark oder Mus

Die vorbereiteten Früchte werden weichgekocht und durch ein Sieb oder die Maschine gegeben. Das Mark wird entsprechend gesüßt und als Beigabe zu Süßspeisen, als Gebäckfülle, unter Quark oder Joghurt gemischt usw. verwendet. Verdünnt ergibt es sehr gute Fruchtsoßen zu Mehlspeisen, Puddings und dergleichen. Man konserviert es durch Sterilisieren in Gläsern oder Flaschen.

Dieses Mark oder Mus kann mit oder ohne Zucker eingekocht und später dann nach Vorschrift zu Marmelade verkocht werden. Bei Mus von sehr sauren oder strengen Wildfrüchten empfiehlt es sich, einen Teil Äpfel oder Birnen, Himbeeren oder dergleichen unterzumischen.

Gelee

Nur bei pektinreichen Früchten wie Berberitzen oder Preiselbeeren (wie jeweils angegeben) erzielt man mit dem nötigen Zucker ein steifes Gelee. Bei säurearmen Früchten (z. B. Himbeeren, Holunder und dergleichen) ist es notwendig anderen Fruchtsaft oder ein Geliermittel zuzugeben. Zur Geleebereitung ist die angegebene Zuckermenge, also die gleiche Menge wie das Saftgewicht, unumgänglich nötig, sonst wird das Gelee nicht steif. Weniger Zucker ist Selbstbetrug, denn man verkocht sonst nur entsprechend viel Saft.

Der wie vorstehend gewonnene, kurz vorgekochte Saft wird gewogen oder gemessen, mit gleichviel Zucker brausend gekocht und notfalls mit einem Geliermittel nach Vorschrift versehen. Sobald sich eine Haut bildet und die Geleeprobe gelingt (indem ein Safttropfen steif wird), ist das Gelee fertig; es wird in Gläser gefüllt und mit Einmach-Cellophan zugebunden.

Wildfrucht-Gelee für Diabetiker

Fruchtbreie, also ausgekochte und durchgedrückte Wildfrüchte jeglicher Art wiegt man genau ab und verkocht sie nach den folgenden Rezepten.

1 l Wildfrucht-Saft
1250 g Diabetikerzucker
5 g Citropekt, ½ Normal-
flasche (7 EL) Opekta
2000

Der genau gemessene Wildfruchtsaft, der Diabetikerzucker und das Citropekt kocht man unter Rühren auf, läßt 5 Minuten durchsprudeln und gibt Opekta daran. Nach kurzem Aufwallen ist das Gelee fertig und wird sofort heiß in Gläser gefüllt. Man verschließt mit passenden Deckeln oder Einmach-Cellophan.

Marmelade

Marmelade ist passiertes Fruchtmark, das mit Zucker dick gekocht ist. Konfitüre enthält die ganze, entsprechend zerdrückte Frucht. Das Mark gewinnt man durch Weichkochen und Zerkleinern der Früchte. Man kann dabei die Samenkörner und Häutchen im Sieb oder in entsprechend eingestellten Maschinen zurücklassen; hierdurch wird das Mark geschmeidig und weniger rauh. Zunächst kocht man das Fruchtmark dicklich vor, dann setzt man 50% Zucker und bei pektinarmen Früchten ein Geliermittel nach Vorschrift zu.
Man kann auch verschiedene Fruchtmarksorten mischen; dazu wählt man zweckmäßig saure und milde Früchte, wobei man etwas Apfelmark hinzufügen kann. Zuckerarme Marmelade verdirbt rasch. Sie wird zur Sicherheit am besten sterilisiert; man kocht sie 30 Minuten bei 80° C.

Diabetiker-Marmelade aus Wildfrüchten

1000 g (1 l) Fruchtbrei
1250 g Diabetikerzucker
5 g Citropekt, ½ Normal-
flasche (7 EL) Opekta
2000

Der Fruchtbrei, der Diabetiker-Zucker und das Citropekt (jeder Flasche Opekta beigepackt), bringt man unter Rühren zum Kochen und läßt die Masse 5 Minuten sprudeln. Dann fügt man Opekta hinzu, läßt noch einmal kurz aufwallen und füllt die Marmelade heiß in Gläser. Sie werden sofort verschlossen.
100 g Marmelade enthalten 4,92 g Kohlehydrate, 52,8 g Zuckeraustauschstoff Sorbit, 2/5 BE und 975 kJ/232 kcal.
Die verschiedenen Gelee- und Marmeladenrezepte wurden von der Verfasserin für die Firma Opekta erprobt. Sie haben mit Werbung nichts zu tun. Wer sie mit diesem Gelierhilfsmittel nach den genauen Anweisungen nachkochen will, hat die Garantie, daß sie gelingen!

Rote Grütze

¹/₂ l Fruchtmark oder Fruchtsaft 40 g Mondamin oder Sago, Zucker

Frische, zerdrückte Beeren, auch gemischt (milde und saure) oder von einer Sorte Frucht oder gemischt, süßt man entsprechend und kocht das angerührte Mondamin oder den Sago ein, bis er glasig ist und dickt. Man stellt die Grütze sehr kalt und gibt nach Belieben kalten Rahm, Schlagrahm oder Schlagcreme oder eine gut süße, kalte Vanillesoße dazu.

Farbbild auf Seite 33

Kompott

Die gut verlesenen, aus- oder nachgereiften und notfalls entstielten oder entkernten Früchte werden mit entsprechend starkem Zuckerwasser durchgekocht, bis sie zart-weich sind. Zur Verfeinerung des Aromas gibt man Berberitzen- oder Zitronensaft oder Vanillinzucker, etwas Zimt oder auch ein wenig Weiß- oder Rotwein oder nach dem Erkalten einen passenden Fruchtlikör hinzu. Das Kompott wird gut durchgekühlt serviert.
Zum Konservieren gibt man das mit Zuckerwasser vorgekochte Kompott oder die rohen, zarten Früchte mit Zucker durchstreut, in Gläser oder Flaschen und sterilisiert sie 15–20 Minuten bei 75–80° C. In Becher oder Tüten gefüllt kann man Kompotte (Reste) auch einfrieren.

Schmorfrüchte in der Folie

Ein rascher Frucht-Nachtisch oder eine feine Beilage zu Grilladen und dergleichen läßt sich in der Aluminiumfolie herstellen. Dazu gibt man Heidelbeeren oder Brombeeren, nicht zu kleine Wildkirschen, Ebereschen oder Preiselbeeren mit der notwendigen Zuckermenge und nach Belieben mit etwas Rotwein oder Portwein oder einer Spur Zimt und Vanillinzucker in Alufolie, gießt nötigenfalls ein wenig Wasser dazu und verschließt das Päckchen gut. Es wird entweder in der Backröhre, in einer zugedeckten Pfanne, im Grill oder in heißer Asche 10–20 Minuten gegart. Bei Gebrauch öffnet man die Folie oben und serviert das Schmorobst gleich in ihr.

Obst-Pie

Einen eierreichen Pfannkuchenteig, bei dem Dotter und Eiweiß getrennt wurden, gießt man in ein tiefes Randblech mit reichlich und sehr heißem Fett. Das Fett muß zischen. Dann streut man dicht durchgezuckerte Beeren darauf und bäckt den Pie bei guter Hitze goldgelb. Zuletzt wird noch nachgezuckert. Man schneidet gefällige Stücke daraus und bringt sie heiß zu Tisch.

Weitere Rezepte, die untereinander beliebig ausgetauscht werden können, sind bei den einzelnen Fruchtsorten zu finden.

Wildsalate und Wildgemüse

Es gibt so viele Wildgemüsesorten, daß der Leser durch ihre Menge überrascht sein wird. Doch keine Angst, man braucht sie nicht alle zu kennen. Es ist aber sicher angenehm, einen Ratgeber zu haben, wenn man sich schon einmal in Wald und Flur ergeht und wissen möchte, ob man dieses oder jenes Kraut mit nach Hause nehmen soll.

Das Suchen von wilden Gemüsen und Kräutern ist ein fröhlicher Zeitvertreib und eine echte Ferienfreude für jeden Camper und Zelter, für Bewohner von Ferienhäuschen und bei gelegentlichen Wanderungen.

Eine kleine Schale Wildgemüse vom Ausflug mit nach Hause gebracht, ist etwas Besonderes und eine neue Geschmacks-Erfahrung.

Im allgemeinen werden die Wildgemüsesorten, wie Spinat oder in Salatform oder einfach als Würzkräutchen zu anderen Speisen, wie Suppen oder Salaten, verwendet. Es gibt aber einzelne Sorten, die darüber hinaus noch weitere Gerichte, ja sogar Artischocken- und Spargel-Ersatz bieten. Siehe Seite 125 und 128.

Manche Wildgemüsesorten haben einen »arteigenen« und oft sogar strengen Geschmack. Es ist daher zweckmäßig, sie miteinander zu mischen, so daß milde und strenge Sorten einen Ausgleich bilden. Man kann sie auch unter Gartengemüse geben, um diese etwas aufzufüllen. Anfangs, bevor die Zunge an den Wildgemüsegeschmack gewöhnt ist, soll man nicht zu viel davon auf den Tisch bringen, damit keine ausgesprochene Abneigung gegen ihre Verwendung entsteht. Man beginne vielmehr langsam und mit kluger Beimischung zu anderen Gerichten. Jedenfalls bringen sie eine neue Note in den Küchenzettel und spenden Vitamine.

Alle Wildgemüse und Wildkräutchen kann man untereinander austauschen und nach eigenem Geschmack beliebig mischen. So können in der Regel alle Arten nach den gleichen Grundrezepten zubereitet werden.

Die Wildgemüse werden darum in diesem Kapitel zunächst in alphabetischer Reihenfolge vorgestellt. Dann folgen gesammelt die Grundrezepte. Darüber hinaus gibt es für bestimmte Sorten besondere Rezepte; sie sind jeweils im Anschluß an das zugehörige Grundrezept in alphabetischer Reihenfolge aufgeführt.

Viele Rezepte enthalten nicht nur Wildgemüse, sondern auch verschiedene Wildkräuter; einige davon finden sich, mit einem anderen Verwendungszweck wie hier, auch im Kapitel »Wilde Würzkräuter«. Da ihr Gebrauch fließend ist, kann man sie nicht so streng systematisch einteilen.

Adlerfarn

Pteridium aquilinum
Waldkraut, Saumfarn

Kennzeichen
Die Wedel werden bis zu 2 m lang.
Der Blattstiel, am Grund schief
durchschnitten, zeigt die Gestalt
eines Doppeladlers.

Standort
Wald, Bachränder, Ödflächen.

Ernte
Frühling und Herbst.

Sammelgut
Die noch eingerollten, jungen
Triebe und Sprossen bis 20 cm
Länge sowie die Wurzeln.

Verwertung
Die Sprossen als Spargel S. 128; aus
den Wurzeln wurde in Notzeiten
nach dem Trocknen und Mahlen
Mehl bereitet, das unter Getreidemehl gemischt werden konnte.

Breitwegerich

Plantago major
Wegebreit

Kennzeichen
Die gelblich-weißen, unscheinbaren
Blüten der 5–30 cm hohen Pflanze
bilden eine schmale, bis zu 15 cm
lange Ähre. Die dunkelgrünen, eiförmigen Blätter schmecken leicht
säuerlich.

Standort
Wege, Gärten, trockene Wiesen.

Sammelgut
Junge Blätter vor der Blüte.

Ernte
Mai bis Herbst.

Verwertung
Salat S. 116, Spinat S. 122, Grüne
Graupensuppe S. 119, Pastetchen
S. 110, 116.

Brennessel

Urtica dioica und Urtica úrens

Kennzeichen
Die Große, bis 120 cm hohe Brenn-
nessel (*U. dioica*) hat lange hängende, die Kleine, bis 60 cm hohe (*U.
urens*) kurze abstehende Blütenris-
pen. Die Blüten sind weiß. Die
dunkelgrünen, länglich-spitzen
Blätter sind grob gesägt und mit
Brennhaaren bedeckt; sie schmek-
ken mild und leicht säuerlich.
Brennesseln enthalten reichlich Vitamine (A und C) sowie Mineral-
salze.

Standort
Zäune, Gräben, Wege, moosige
Wälder, Schutthalden.

Ernte
Junge Blätter, Stengelspitzen ohne
Blüten, am besten im Frühling.

Verwertung
Saft in Mischung S. 118, Suppe
S. 118 f., 138 f., Spinat S. 122, Pudding S. 127, Eintopf S. 126, zu Klö-
ßen S. 120 usw.

Brennesseln geben einen feinsäuer-
lichen, pikanten Spinat; man kann
sie auch unter Gartenspinat oder
anderen Wildspinat mischen.

Kleine Braunelle

Prunella vulgaris
Braunheil, Brunikraut, Halskraut,
Gauchheil, Blauer Kuckuck

Kennzeichen
Die 10–20 cm hohe Pflanze hat
einen ährenartigen Blütenstand mit
blauvioletten, helmförmigen Blüten.
Ihre Blätter sind länglich-eiförmig.

Standort
Wiesen, Grasplätze, Wege, Waldränder.

Sammelgut
Triebe und junge Blätter.

Verwertung
Kräutersuppe S. 118, 138, 139,
Soße S. 120, 121, 137, Salatwürze
S. 140 und unter Spinat S. 122 f.
gemischt.

Brunnenkresse

Nasturtium officinale
Bachsalat, Bach- oder Wasserkresse

Kennzeichen
Aufrecht oder kriechend wird die
Pflanze 30–80 cm groß. Ihre kleinen
weißen Blüten bilden eine trugdoldige Traube. Die gefiederten, dunkelgrünen Blätter schmecken sauerherb und enthalten reichlich Vitamin C. Je älter die Pflanze, desto
schärfer der Geschmack.

Standort
Quellige Orte, Gräben, Bachufer,
fließende, saubere Gewässer.

Sammelgut
Zarte Blätter und Triebe vor der
Blüte.

Ernte
Winter und Frühling bis Mai.

Verwertung
Rohsaft S. 118, Salate S. 116, 140,
Frischkost S. 118, Würze S. 137,
Gemüse S. 125, Soße S. 121,
Mayonnaise S. 121, Brotaufstrich,
Quark, Kartoffelspeisen, Kräuter-
essig S. 137. Besonders als Dekora-
tion.

Im Winter, wenn es an frischer
Petersilie oder anderem Grün für
schön angerichtete Platten fehlt,
kommt gerade die Kresse zurecht,
denn sie ist selbst im tiefsten Winter
zu finden und bleibt, kühl gelagert,
eine Weile recht schön frisch.
Brunnen- wie Bachkresse geben vor
allem Butter- und Käsebroten viel
Pikanterie. Die Kresse darf allerdings noch nicht zu alt sein, sonst
wird der Geschmack streng und bitter, während junge Blättchen ein
ausgesprochener Genuß sind.
Vor allen Dingen Fischer sollen sie
mit nach Hause bringen, wenn sie
gute Beute gemacht haben, denn
Kresse paßt ganz ausgezeichnet zu
vielerlei Fischgerichten, als Soße,
wie insbesondere als Garnitur.

Disteln

Kennzeichen
Die bis 1,20 m hohen Pflanzen haben tief fiederspaltige, stachelige Blätter mit dornigen Spitzen und weiße, lila oder purpurfarbene Blütenköpfe, (Abb. *Cirsium vulgare*)

Standort
Wege, Schutt, steinige Äcker und Weiden.

Sammelgut
Die zarten, noch nicht stacheligen Sprossen, junge Blätter, Blütenboden und Wurzeln.

Ernte
Frühling bis Herbst.

Verwertung
Blätter und Sprossen zu Salat; Blütenboden wie Artischockenböden. Die Wurzeln wurden früher in Notzeiten geschnitten, getrocknet, gemahlen und dem Getreidemehl untermischt. Spezialrezept S. 125.

Gänseblümchen

Bellis perennis
Marienblümchen, Maßliebchen, Tausendschönchen

Kennzeichen
Die fast das ganze Jahr blühende Pflanze wird 3–10 cm hoch. Die Blüten sind weiß oder rosa, innen gelb. Die eiförmigen, stumpf gezähnten Blätter wachsen in einer grundständigen Rosette.

Standort
Wiesen, Grasplätze.

Ernte
Das ganze Jahr, außer bei Schnee und Frost.

Sammelgut
Junge Blattrosetten, kleine Blütenknospen.

Verwertung
Salat S. 116, Spinat S. 122, Brotaufstrich S. 137, Kapern S. 148.

Gartenkresse (Kresse)

Lepidium sativum

Kennzeichen
Die kleinen weißen Blüten der 20–60 cm hohen Pflanze stehen in Trauben. Die lanzettfömigen Blätter schmecken herzhaft pikant.

Standort
Schutt- und Grasplätze, Flußufer, Bahndämme.

Ernte
Frühling und Sommer.

Sammelgut
Die jungen Triebe vor der Blüte.

Verwertung
Salat S. 112, Quark S. 137, Suppen S. 118, 138, 139, als Gewürz usw.

Siehe auch Brunnenkresse.

Gartenmelde

Atriplex hortensis
Melde, Spanischer Spinat

Kennzeichen
Sie wird bis zu 1 m hoch. Die weiß-
lich-grünen Blüten stehen in
Knäueln. Die lanzettfömigen, glänzenden, rotgeränderten Blätter riechen angenehm, vor allem wenn
man sie zerreibt.

Standort
Kultiviert in Gärten, verwildert auf
Schutt und Kies.

Ernte
Juni/August.

Sammelgut
Junge Blätter, zarte Stengel.

Verwertung
Saft in Mischung S. 118, Salat
S. 116, 140, Suppe S. 118, 138,
139, Spinat S. 122, Quark S. 137,
als Würzkraut S. 140.

Geißfuß

Aegopodium podagraria
Ziegenfuß, Giersch

Kennzeichen
Er wird bis 1 m hoch und blüht weiß
in zusammengesetzten flachen Dolden. Die Blätter sind gefiedert, länglich-eiförmig und gezähnt. Die
kleine, kümmelähnliche Frucht enthält ätherische Öle.

Standort
Gebüsch, Mischwald, Hecken,
Grasgärten.

Ernte
März bis August.

Sammelgut
Junge Grundblätter der nicht blühenden Pflanze.

Verwertung
Salat S. 116, Rohkost S. 118, Spinat
S. 118, 138, 139, Suppe S. 118, usw.

Gundermann

Glechoma hederaceum
Gundelrebe

Kennzeichen
Er wird kriechend oder aufsteigend
15–60 cm groß. Seine blau-violetten
Lippenblüten bilden in den Blattachseln stehende Scheinquirle. Die
gekerbten Blätter sind nieren- oder
fast herzförmig.

Standort
Zäune, Mauern, Schutt, Wege,
Wiesen, Gebüsche.

Ernte
März bis Juni.

Sammelgut
Blüten und die Triebe vor der Blüte.

Verwertung
Saft in Mischung Seite 118, Salat
S. 116, 140, Spinat S. 119 f., als
Gewürz.

103

Guter Heinrich

Chenopodium bonus-henricus
Heinerle, Gänsefuß, Wilder Spinat,
Stolzer Heinrich, Schmieriger
Mangold

Kennzeichen
Er wird 10–60 cm hoch und blüht
grün in endständigen Ähren an
Haupt- und Seitenzweigen. Die
dreieckigen, am Rand etwas gewellten Blätter sind grasgrün und mild
im Geschmack.

Standort
Weiden, Schutt. Wegränder.

Ernte
Frühling, Sommer.

Sammelgut
Junge Blätter, Sprossen.

Verwertung
Saft in Mischung Seite 118, Spinat
S. 122, Kräutersuppe S. 118, 138,
139, Soße S. 120, 137, Quark
S. 137, Spargel S. 128 usw.

Hederich

Rhaphanus rhaphanistrum
Weißer Senf, Wegsenf, Wilder
Rettich

Kennzeichen
Er wird 30–60 cm hoch. Die hellgelben oder weißen Blüten sind dunkler
gelb oder violett geädert und stehen
in doldenähnlichen Trauben. Die
unteren Blätter sind leierfömig, die
oberen lanzettlich. Wenn man die
Blätter zerreibt, darf der Geruch
nicht unangenehm sein.

Standort
Felder, Wege, Brachland, Schutthalden.

Ernte
Mai/Juni, September/Oktober.

Sammelgut
Blätter, Stengelspitzen, Knospen,
Samen.

Verwertung
Salat S. 116, 140, Suppe S. 118,
138, 139, Spinat S. 122, reife Samen wie Senfkörner als Würze.

Hirtentäschel

Capsella bursa-pastoris
Taschenkraut, Täschelkraut

Kennzeichen
Die 20–40 cm große Pflanze blüht
weiß in blattlosen Trauben. Die
dreieckigen flachen Fruchtschöt-
chen gaben ihr den Namen. Die in
grundständiger Blattrosette wachsenden Grundblätter sind gefiedert
und grob gesägt, die oberen Blätter
ganzrandig.

Standort
Äcker, Weiden, Wegränder, Schuttplätze.

Ernte
Mai bis Herbst.

Sammelgut
Zarte Blätter,
Grundrosette.

Verwertung
Salat S. 116, 140, Suppe S. 118,
138, 139, Spinat S. 122, Füllen
S. 121, 127 usw.

Oben: Sauerampfer-Kartoffelbrei ▷
Rezept auf Seite 126
Unten: Gebackene Holunderblüten
Rezept auf Seite 53

104

Gemeiner Hopfen

Humulus lupulus
Die männlichen Pflanzen werden
»Nesselkopf«, die weiblichen »Läu-
fer« genannt.

Kennzeichen
Die Schlingpflanze rankt bis zu einer
Höhe von 7 m. Die handförmigen,
langstieligen Blätter sind gezähnt
und an der Unterseite weißfilzig. Es
gibt weibliche und männliche Pflanzen; die männliche blüht in gelb-grü-
nen Kätzchen, die weibliche in Hop-
fen-»Dolden«. Die Frucht ist eine
3 mm lange Nuß. Angebaut wird nur
die weibliche Pflanze.

Ernte
April/Mai.

Standort
Waldränder, Äcker,
Zäune, Bachränder.

Sammelgut
Stengelspitzen, nicht entfaltete
Blätter, Sprossen.

Verwertung
Salat S. 116, 140, Spinat S. 118,
Sprossen als Salat.

Huflattich

Tussilago farfara
Roßhuf, Brust-, und Ackerlattich

Kennzeichen
Er wird 10–30 cm hoch. Die gelben
Blütenköpfe sitzen auf einzelnen,
mit Blattschuppen bedeckten Blü-
tenschäften; sie erscheinen vor den
Blättern. Die rundlich-herzförmi-
gen, also »hufförmigen« Blätter sind
gezähnt und an der Unterseite weißfilzig; sie enthalten Gerbstoff.

Standort
Hecken, Zäune, Grabenränder,
Gebüsch.

Ernte
April bis Juni.

Sammelgut
Zarte Blätter.

Verwertung
Salat S. 116, 140, Suppe S. 118,
138, 139, Spinat S. 122, Eintöpfe
S. 126, Gemüserollen, Füllungen
S. 121, 127. Spezialrezept: Laub-
frösche S. 127.

Kapuzinerkresse

Tropaeolum majus

Kennzeichen
Die aus Südamerika stammende
Pflanze rankt bis zu einer Höhe von
4 m. Sie hat rote, gelbe oder orangefarbene Blüten und rundliche Blätter an langen Stielen.

Standort
Kultiviert in Gärten, oft auch verwildert an Gartenzäunen.

Ernte
Juni bis Frost.

Sammelgut
Blätter, grüner
Samen

Verwertung
Blätter wie Kresse als Würze, Sa-
men als Kapern S. 148. Siehe auch
Bachkresse. Gemüse S. 125.

Kümmel

Carum carvi

Kennzeichen
Er wird bis zu 1 m hoch und blüht
weiß oder rosa in zusammengesetzten Dolden. Die Blätter sind fiederteilig; wenn man sie zerreibt, riechen
sie aromatisch.

Standort
Wiesen, Bahndämme, Wegränder.

Ernte
Sommer, Samen im Herbst.

Sammelgut
Junge Blätter und Triebe vor der
Blüte, Samen.

Verwertung
Blätter zu Salat S. 116, 140, Suppe
S. 118, 138, 139, Spinat S. 122,
Würze S. 140, Rohkost S. 118.
Wurzel als Gemüse S. 151, Samen
als Gewürz.

Löffelkraut

Cochlearia officinalis
Löffelkresse, Skorbutkraut

Kennzeichen
Es wird 5–30 cm hoch und hat
eiförmige Blätter, die ohne Stiel am
Stengel sitzen. Die weißen kleinen
Blütentrauben sitzen an kleinen
Seitentrieben am Ende des Stengels.

Standort
Sumpfige Stellen, salzhaltige Orte.

Ernte
Mai bis Juni.

Sammelgut
Junge Blätter.

Verwertung
Salat S. 116, 140, Soße S. 120, 121,
137, Brotaufstrich und Quark
S. 137, Suppe S. 118, 138, 139, Spinat S. 122, Würze.

Löwenzahn

Taraxacum officinale
Butterblume, Kuhblume

Kennzeichen
Die Pflanze mit ihren leuchtend
gelben Blüten wird 10–40 cm hoch.
Der blattlose Stengel enthält einen
weißen Milchsaft, der braune Flek-
ken gibt. Die Blätter sind grobgesägt
und haben einen pikanten Bitterge-
schmack; sie sind reich an Vitamin B
und C.

Standort
Wiesen, Gärten, überall.

Ernte
März bis Mai, Herbst.

Sammelgut
Junge Blätter vor der Blüte, Knospen.

Verwertung
Saft in Mischung S. 118, Salat in
Mischung S. 116, 140, Suppe
S. 118, 138, 139, zu Soßen S. 120,
137 und Spinat S. 122, Kapern S. 148,
Spezialrezepte Seite 117, 122.
Um seine Herbheit zu mildern, setzt
man den Speisen, in denen
Löwenzahn enthalten ist, Milch
oder Rahm, Quark oder Rahmkäse
und jeweils eine Prise Zucker zu.

108

Gemeine Nachtkerze

Oenothera biennis
Rapontika, Nachtröschen, Gelbe
Gartenrapunzel, Weinblume,
Schinkenwurzel, Siebenschläfer

Kennzeichen
Die meist aufrechte, unverzweigte
Pflanze wird bis zu 1 m hoch und hat
eiförmig-lanzettliche, gesägte oder
ganzrandige Blätter. Ihre, besonders
nachts stark duftenden, gelben, tel-
lerförmigen Blüten öffnen sich gegen 18 Uhr und schließen sich 24
Stunden später.

Standort
Bahndämme, Schuttplätze, Flußufer, Sandböden.

Ernte
Herbst des 1. Jahres, Frühling des
2. Jahres.

Sammelgut
Wurzeln der einjährigen Pflanze,
Samen.

Verwertung
Gemüse wie Schwarzwurzeln
S. 128. Spezialrezept S. 125.

Natternkopf

Echium vulgare

Kennzeichen
Die locker beblätterte Pflanze mit
ihrem borstigen Stengel ist 30 bis
120 cm hoch. Auch die länglich-lan-
zettlichen Blätter sind steifborstig
behaart. Die Knospen sind rot, die
Blüten blau. Von der Blüte, die mit
ihren herausragenden Staubgefäßen
an eine züngelnde Schlange erinnert,
hat die Pflanze ihren Namen.

Standort
Wegränder, Äcker, Schutt, Sandplätze.

Ernte
Mai bis Herbst.

Sammelgut
Junge Blätter.

Verwertung
Suppe S. 118, 138, 139, Soße
S. 120, 121, 137, Spinat S. 122 usw.

Pastinak

Pastinaca sativa
Welsche Petersilie, Balsternacken,
Hammel- oder Hirschmöhre

Kennzeichen
Die 30–100 cm hohe Pflanze blüht
goldgelb in zusammengesetzten
Dolden; ihre Blätter sind ein- bis
zweifach gefiedert.

Standort
Trockene Wiesen, Gräben, Wegränder, wild und kultiviert.

Ernte
Juli bis Herbst.

Sammelgut
Junge Blätter und Triebe vor der
Blüte, Wurzelrübe, Samen.

Verwertung
Blätter zu Spinat S. 122, Würz-
kraut, Salat S. 140, Wurzeln zu Ge-
müse S. 125, 128, Samen wie Dill.
Die getrocknete Wurzel zu Kaffee-
Ersatz.

109

Portulak

Portulaca oleracea

Kennzeichen
Die Pflanze mit ihrem liegenden bis aufsteigenden Stengel wird 10–30 cm groß. Die Blätter der kleinen, gelben Blüten fallen früh ab. Die fleischigen Blätter sind keilförmig bis verkehrt eiförmig. Portulak enthält reichlich Vitamin C und diente früher zur Heilung von Skorbut.

Standort
Gärten, Sandboden, Äcker, Weinberge, Dämme, Schutt.

Ernte
Juli bis Oktober.

Sammelgut
Junge Blätter, Stengel, Knospen.

Verwertung
Saft in Mischung Seite 118, Salat S. 116, 140, Würze S. 139, 140, Spinat S. 122, Gemüse S. 125, Suppe S. 118, 138, 139, Kapern S. 148.

Rapunzel

Valerianella locusta
Winter-, Feld-, Nissel-, Ackersalat, Rapünzchen

Kennzeichen
Die unscheinbaren bläulichen Blüten der 5–20 cm hohen Pflanze stehen in Trugdolden. Die unteren Blätter sind spatelig, die oberen lanzettlich; sie schmecken pikant säuerlich.

Standort
Äcker, Garten- und Wegränder, Bahndämme, Zäune, Hecken.

Ernte
Vorfrühling und Herbst.

Sammelgut
Junge Blätter.

Verwertung
Salat S. 116, Zutat zu Spinat S. 122, Spezialrezepte Seite 117.

Sauerampfer

Rumex acetosa
Sauerblätter, Sauergras

Kennzeichen
Er wird 30–100 cm hoch und hat eine schlanke, rötlich-braune Blütenrispe. Die derben, dicklichen Blätter sind am Grund pfeilförmig und enthalten reichlich Vitamin C.

Standort
Wiesen, Weiden, Böschungen.

Ernte
März bis November.

Sammelgut
Blätter, auch von der blühenden Pflanze, Samen.

Verwertung
Suppe S. 118, 138, 139, Salat S. 116, 140, Soßen S. 120, 137, Beigabe zu Quark S. 137, Joghurt S. 137, Spinat S. 122, Eintopf S. 126, Brotaufstrich usw. Spezialrezepte S. 119, 122, 126.

Schafgarbe

Achillea millefolium
Bauchwehkraut, Gerbel,
Tausendblatt, Feldgarbe,
Rippenkraut

Kennzeichen
Die trugdoldenartig angeordneten
Blüten der 15–50 cm hohen Pflanze
sind weiß oder rosa und innen gelbweiß. Die Blätter sind doppelt gefiedert. Die Pflanze riecht streng und
schmeckt leicht bitter.

Standort
Wiesen, Sandplätze, Wegränder.

Ernte
Mai bis Herbst.

Sammelgut
Junge Blätter, Blüten.

Verwertung
Zu Suppe S. 118, 138, 139, Soße
S. 120, 137, Brotaufstrich, Quark
S. 137, Wildspinat S. 122 in kleinsten Mengen.
Der strenge Geruch und Geschmack der Schafgarbe läßt nur
kleinste Beigaben zu. Man verwendet sowohl die jungen Blätter wie
die Blüten; sie gelten mehr als
aparte Würze.

Scharbockskraut

Ranunculus ficaria

Kennzeichen
Die 5–15 cm große Pflanze hat ein-
zelstehende, gelbe Blüten und herz-
bis nierenförmige Blätter. Vitamin-
C-reich und ein altes Heilmittel gegen Skorbut (Scharbock).

Standort
Schattiges Gebüsch, Grasplätze.

Ernte
April bis Juli.

Sammelgut
Junge Blätter, Knospen, Stengelspitzen, Brutknollen, Wurzeln.

Verwertung
Salat S. 116, 140, Suppe S. 118,
138, 139, Spinat S. 122, Eintopf
S. 126, Knospen als Kapern S. 148,
Brutknollen S. 128, Wurzeln.

Schlüsselblume

Primula officinalis
Himmel-, Frauenschlüssel.

Kennzeichen
Sie wird 15–30 cm hoch. Die duften-
den, goldgelben Blüten stehen in
Dolden, die nach einer Seite hängen.
Die in einer Rosette wachsenden
Blätter sind länglich-eiförmig, ge-
kerbt und runzelig; reich an Vitamin
C, doch nur ganz jung und in kleinen
Mengen verträglich.

Standort
Lichte Laubwälder,
Wiesen.

Ernte
März bis Juni.

Sammelgut
Junge Blätter, getrocknete Blüten.

Verwertung
Blätter als Salat S. 116, 140, Suppe
S. 118, 138, 139, Spinat S. 122,
Blüten getrocknet als Zuckerersatz
und Aromaspender für Süßspeisen.
Die Wurzel ist geschützt.

111

Spitzwegerich

Plantago lanceolata
Rippenkraut, Wegblätter, Hunds-
rippe, Wegerich

Kennzeichen
Er wird 10–40 cm hoch. Die unscheinbaren bräunlichen Blüten haben lange Staubfäden mit gelblichen
Staubbeuteln und bilden eine kopf-
artige, kurze Ähre. Die lanzettför-
migen Blätter wachsen in einer
Grundrosette und haben einen leicht
bitteren Geschmack.

Standort
Trockene Wiesen, Weiden,
Wegränder.

Ernte
Mai bis Herbst.

Sammelgut
Junge Blätter vor der Blüte.

Verwertung
Saft S. 118, Salat S. 116, 140, Rohkost S. 118, Suppe S. 118, 138,
Soße S. 120, 137, Spinat S. 122.
Spitzwegerich hat einen sehr apar-
ten, etwas bitteren Geschmack, der
einen Ausgleich an Zucker oder süßen Früchten oder eine reichliche
Zugabe von milden Gemüsepflan-
zen verlangt. Bei Salaten und Gemüse gibt man Blätter von Kopfsalat oder Spinat, Melde oder dergleichen dazu. Suppen werden mit
Milch oder Rahm gemildert. Andere Salate und Gemüse, Eintöpfe
und ähnliche Speisen mit großem
Grünanteil gewinnen durch geringe
Mengen vor gehacktem Spitzwegerich.

Weiße Taubnessel

Lamium album
Zahme Nessel, Wurmnessel,
Bienensaug, Immenkraut

Kennzeichen
Die 30–60 cm hohe brennesselarti-
ge Pflanze hat keine Brennhaare.
Die lang zugespitzten Blätter sind,
wie bei der Brennessel, scharf gesägt. Die weißen Blüten bilden
Scheinquirle, die in den Blattachseln
sitzen; sie enthalten viel Nektar und
werden daher oft von Insekten
besucht.

Standort
Wege, Hecken, Zäune, Gebüsch,
Schutt.

Ernte
März bis Juli.

Sammelgut
Junge, zarte Blätter.

Verwertung
Salat S. 116, 140, Spinat S. 122,
Soße S. 120, 121, 137 usw.

Vogelmiere

Stellaria media
Hühner- oder Mäusedarm

Kennzeichen
Den Namen Hühner- bzw. Mäusedarm hat die Pflanze von ihrem
niederliegenden, gewundenen Stengel, der bis zu 30 cm lang wird. Die
kleinen weißen, wie Sterne wirkenden Blüten sitzen in den Gabeln am
Ende der Stengel. Die Blätter sind
eiförmig spitz.

Standort
Guter Boden, Garten (Unkraut).

Ernte
März bis Spätherbst.

Sammelgut
Ganzes Kraut, auch noch im Anfang der Blüte.

Verwertung
Saft in Mischung S. 118, Salat
S. 116, 140, Brotaufstrich S. 137,
Spinat S. 122, Eintopf S. 126.

Wegwarte

Cichorium intybus

Kennzeichen
Die sparrig-ästige Pflanze wird bis
zu 120 cm hoch. Die Blüten sind
leuchtendblau; sie öffnen sich gegen
6 Uhr und schließen sich wieder
gegen Mittag. Die Grundblätter sind
gefiedert und gesägt, die Stengelblätter lanzettfömig und meist ganzrandig.

Standort
Wegränder, Schutt, Bahndämme.

Erntezeit
Frühling Blätter, Herbst Wurzel.

Sammelgut
Junge Blätter, Wurzel (Zichorie).

Verwertung
Salat S. 116, 140, Quark S. 137,
Würzkraut S. 140, Kaffeezusatz

Schmalblättriges Weidenröschen

Epilobium angustifolium
Feuerbrand, Schotenweiderich.

Kennzeichen
Die aufrechte Pflanze mit ihrem
kahlen oder allenfalls schwach behaarten Stengel wird 60–140 cm
hoch. Die schmalen Blätter sind
lanzettförmig und gesägt, an der
Unterseite blaugrün mit deutlich
hervortretenden Seitennerven. Die
roten Blüten stehen in einer aufrechten, lockeren Traube.

Standort
Waldlichtungen, Schutt, Waldränder, Dämme, sonnige Lage.

Erntezeit
Mai bis Herbst.

Sammelgut
Junge Blätter, Triebe, Sprossen.

Verwertung
Suppe S. 118, 138, 139, Salat
S. 116, 140, Spinat S. 122, Spargel
S. 128.

113

Wiesen-Bocksbart

Tragopogon pratensis
Bocksbart, Süßling, Milchblume,
Hasenbrot, Kuckuck

Kennzeichen
Die gelben Blütenköpfe der 30–60
cm hohen Pflanze sitzen am Ende
des beblätterten Stengels. Die langen, schmalen, zugespitzten Blätter
sind ganzrandig. Der Name »Bocksbart« kommt von den nach dem
Verblühen wie ein Bart herausragenden Haaren der Fruchtknoten.
Die Blüten öffnen sich gegen 8 Uhr
und schließen sich wieder um die
Mittagszeit.

Standort
Wegränder, Wiesen.

Ernte
Mai bis August.

Sammelgut
Junge Blätter, Stengel und Mark,
Wurzel.

Verwertung
Salat S. 116, 140, Rohkost S. 118,
Spinat S. 122, Spargel S. 128.

Großer Wiesenknopf

Sanguisorba officinalis
Falsche Bibernelle, Brunelle,
braune Leberblume, Blutkraut,
Wurmwurz

Kennzeichen
Er wird 30–100 cm groß. Die Blätter sind unpaarig gefiedert; die eiförmigen, gezähnten Fiederblätter sitzen an Stielen und sind an der
Unterseite blaugrün. Die dunkelro-
ten Blüten bilden walzenförmige
Blütenköpfe, die »Knöpfe«; darauf
bezieht sich auch der botanische
Name: sanguisorba heißt »Blut-
kugel«.

Standort
Weiden, Dämme, feuchte Wiesen.

Ernte
April und Mai.

Sammelgut
Junge Blätter und Triebe vor der
Blüte.

Verwertung
Salat S. 116, 140, Suppe S. 118,
138, Spinat S. 122.

Wiesenschaumkraut

Cardamine pratensis
Wiesenkresse, Steinkresse

Kennzeichen
Die 10–40 cm hohe Pflanze trägt
auf einem runden, hohlen Stengel
eine Traube aus weißen, rosa oder
blaßlila Blüten. Ihre Blätter sind
gefiedert; die Fiederblätter der
Grundblätter sind rundlich-eiför-
mig, die der Stengelblätter linea-
lisch. Neben Senfölen enthält das
Wiesenschaumkraut reichlich Vitamin C. Ein Insekt, die Schaumzika-
de, saugt den Saft aus dem Stengel
und hinterläßt einen schaumig auf-
getriebenen Tropfen, dem die
Pflanze ihren Namen verdankt.

Standort
Feuchte Wiesen, Bachränder.

Ernte   *Sammelgut*
Mai.   Blätter.

Verwertung
Salat S. 116, 140, Suppe S. 118,
138, 139, Würzkraut S. 140.

Winterkresse

Barbaraea vulgaris
Barbarakraut, Barbenkraut

Kennzeichen
Die kleinen gelben Blüten der
30–60 cm hohen Pflanze bilden eine
Traube. Die unteren Blätter sind
gefiedert mit jeweils einer großen,
länglichen Endfieder; die oberen
Blätter sind tief gezähnt. Ihren Namen hat die Pflanze, weil sie bis in
den Dezember hinein grün bleibt, so
daß man noch Blätter für Salat
pflücken kann.

Ernte
April bis Juli, Winter.

Sammelgut
Junge Blätter vor der Blüte.

Verwertung
Salat S. 116, 140, Spinat S. 122,
Futterpflanze.

*Nun folgen Rezepte, die sicherlich für manche Leser ganz unbekannt, aber
deshalb doch nicht weniger reizvoll sind. Man begibt sich auf ein
geschmacklich ganz neues Gebiet und macht dabei doch nichts anderes als
unsere Urahnen, die sich ja auch aus Feld und Flur ernährten, und das sogar
sehr gesundheitsbewußt. Sie wußten von jeder Wildpflanze Nutzen und
Schaden, Würzkraft und Gebrauchswert. Auch heute geht die moderne
Küche wieder dazu über und empfiehlt sowohl auf den Speisekarten von
Feinschmeckerlokalen wie in teuren Kochbüchern Salate von Sauerampfer
und Bachkresse, Gänseblümchen und Rapunzel. Durch das lange
Vergessensein dieser Naturkinder sind sie erneut interessant geworden.
Folgen wir also dieser frisch erwachten Neigung.*

115

Wildsalate

Beliebiges Wildgemüse
Wildkräuter, Essig oder
Berberitzensaft, Öl oder
Mayonnaise oder saure
Milch oder Joghurt, Salz
eine gute Prise Zucker

Bei der Auswahl der Wildgemüse für einen Salat muß man sich natürlich nach den gegebenen Möglichkeiten richten. Es sollen aber jedenfalls nicht zu viele herbe oder scharfe Sorten zusammengestellt werden, sondern möglichst viele Arten; oder man verwendet anfangs nur kleinere Mengen von Wildsalat unter zarten grünen Kopfsalat oder Rapunzelsalat. Auch die Kräuter soll man sorgfältig auswählen. Bei strengem Geschmack der Wildgemüse nimmt man nur zarte Petersilie oder Schnittlauch dazu. Bei ausdruckloseren Wildgemüsesorten dagegen den würzigen Thymian oder etwas Schafgarbe, Sauerklee, Gundermann, Sauerampfer und dergleichen. Es ist dabei immer wichtig, einen einseitigen Geschmack zu vermeiden. Vielfach ist es aber so, daß sich die Zunge erst an die neuen Aromen- und Geschmacksklänge gewöhnen muß, aber ganz bestimmt dann großes Vergnügen daran gewinnt.

Die meisten Wildpflanzen sind sehr empfindlich und müssen erst kurz vor der Verwendung gewaschen und gewürzt werden. Man muß sie dann sofort auftragen.

Zuerst gibt man Öl oder Mayonnaise, sauren Rahm oder Joghurt daran. Dann folgt der Essig oder der Berberitzen- oder Zitronensaft. Nun würzt man mit Salz, nach Belieben mit etwas Pfeffer oder Muskat, einer Spur Paprika oder Curry und fügt als Würze pikante Kräutchen, die gehackt oder kleingeschnitten werden, dazu. Anstelle von Zucker kann man einmal etwas Honig oder Himbeer- oder Preiselbeersaft oder etwas Fruchtgelee geben. Auch einmal eine Partie Senf oder Ketchup, Zwiebel- oder Knoblauch schmecken gut dazu. Jedenfalls ist es zweckmäßig, immer wieder anders zu würzen oder auch einmal kleingewürfelte Äpfel oder Bananen, Orangen oder Mandarinen, Ananas oder eine reife Birne, Rosinen usw. beizufügen.

Genaue Rezepte anzugeben, ist nicht gut möglich, weil ja jede Wildkräuter-Ernte anders ausfällt und vor allem die eigene Zunge für das Endergebnis maßgebend ist. Analog dazu macht das Experimentieren mit diesen Küchenneuheiten ja gerade erhöhte Freude.

Brunnenkresse-Salat

1 Teller Brunnenkresse
2–3 Eier, Salz
Zucker, Pfeffer, Essig
Öl oder Mayonnaise

Die frische Kresse wird verlesen; man nimmt die groben Stiele ab und streut die gekochten und gehackten Eier, Salz, eine gute Prise Zucker und nach Belieben einige Rosinen darunter. Der Salat wird mit Essig und Öl oder Mayonnaise oder mit Joghurt oder Rahm angemacht und sofort serviert. Er fällt rasch zusammen.

Frischkost-Salat

1 Schale Wildgemüse und Kräuter, wie Löwenzahn Spitzchen von Schafgarbe Huflattich, Gundelrebe Sauerampfer, Spitz- oder Breitwegerich, Gänseblümchen usw.
einige Radieschen, Öl oder Mayonnaise, Essig oder Berberitzen- oder Zitronensaft, Zwiebel etwas Salz, Pfeffer und Zucker

Das Wildgemüse wird in schmale Bänder geschnitten, die Kräuter werden gehackt. Man gibt etwas feingehackte Zwiebel oder einige aufgeriebene Radieschen, Öl oder Mayonnaise, Essig oder Zitronen- oder Berberitzensaft, eine gute Prise Zucker oder etwas Himbeersirup oder Honig darunter. Der Salat soll sehr pikant schmecken. Er wird noch mit Salz und Pfeffer überstreut und kann mit Quark angerichtet werden. Besonders fein schmeckt der Salat auch, wenn man einen grobgeraspelten Apfel oder eine in kleine Stückchen geschnittene Orange oder Mandarine darunterhebt.

Löwenzahn-Salat

Farbbild auf Seite 87

1 Teller frische Löwenzahnblätter
50-80 g Butterkäse
¹/₂ Apfel oder 2 EL Rosinen, Essig oder Zitrone Öl oder Mayonnaise oder dicker saurer Rahm, Salz Zucker, Petersilie

Käse und Apfel werden zerkleinert, die Rosinen vorgeweicht. Man gibt die Salatzutaten daran und hebt zuletzt die gut abgetropften Löwenzahnblätter darunter. Der Salat wird am besten erst bei Tisch gemischt; er fällt rasch zusammen.

Rapunzel-Salat mit Früchten

1 Schale Rapunzeln
1 Banane oder 1 Apfel oder 2 Kiwi oder 1–2 Scheiben Ananas oder 2 EL Rosinen Zitrone, Öl oder Mayonnaise oder saurer Rahm, Salz, Zucker

Die abgetropften Blätter werden mit einer der genannten kleingeschnittenen Obstsorte oder mit den vorgeweichten Rosinen gemischt und kurz vor dem Auftragen mit der Salatsoße aus Zitronensaft, Öl oder Mayonnaise oder Rahm, Salz und reichlich Zucker versehen.

Pikanter Rapunzel-Salat

1–2 Eier, 1 Stück Butterkäse, 1 Apfel oder 1–2 Tomaten, etwas Blumenkohl, Öl und Essig oder Mayonnaise, Salz reichlich Zucker, Petersilie

Zubereitung wie Rapunzelsalat mit Früchten. Man gibt anstelle der Früchte pikante Zutaten wie gekochte, gehackte Eier, etwas gewürfelten Butterkäse, grobgeraspelten Apfel oder Tomatenscheiben und gekochte Blumenkohlröschen darunter. Der Salat wird dann mit der pikanten Soße angemacht.

Sauerampfer-Salat

Wer die zunächst noch ungewohnte Schärfe weniger schätzt, kann Spinatblätter, Rapunzeln oder grünen Salat, auch Melde und dergleichen untermischen. Entsprechend dem Anteil von Sauerampfer süßt man den Salat gut, und zwar nimmt man gelegentlich statt Zucker dicken Himbeersirup, Preiselbeersaft oder Honig, Maulbeergelee oder sonst ein beliebiges Fruchtgelee. Man kann auch Rosinen, Beeren oder Fruchtwürfel dazwischengeben und mit Öl oder saurem Rahm, mit Mayonnaise oder Remoulade verfeinern. Sauerwürze braucht der Salat nicht.

Rohkost

Gelbe Rüben, Gurke
Radieschen, Kohlrabi
oder Weißkraut
oder Zuckererbsen
1 Teller Wildgemüse
etliche Wildkräuter
Zwiebel, Salz, etwas
Zucker oder Himbeer-
saft, 2 EL Nüsse und
Knusperflocken, Milch
Rahm oder Quark oder Öl

Das Gemüse wird fein aufgerissen, das Wildgemüse aufgeschnitten oder gehackt, ebenso macht man es mit den Wildkräutern. Dazu gibt man geriebene oder feingehackte Zwiebeln, Salz, etwas Zucker oder Honig oder Himbeersirup, die feingeriebenen Nüsse und ein wenig Milch oder Rahm oder Quark oder Öl. Man streut Hafer- oder Knusperflocken und gehackte Kräutchen darüber. Die Rohkost soll erst kurz vor Gebrauch angemacht und rasch serviert werden. Man kann sie auch in ausgehöhlte Gurkenstükke, in Tomaten usw., einfüllen.

Wildgemüse-Saft

Brennessel, Gartenmelde
Löwenzahn, Gundermann
Portulak, Guter Heinrich
Vogelmiere und andere
etwas Wasser oder
Mineralwasser oder
Molke oder Milch

Das sorgfältig gewaschene und verlesene Gemüse wird mit einer Saftzentrifuge ausgeschleudert. Den Saft mischt man dann mit Wasser oder beliebiger Milch oder Molke und kann noch etwas Pfeffer oder Zucker, Zitronensaft oder Apfelsaft dazugeben.

Wildgemüse-Frühlings-Suppe

Beliebiges Wildgemüse
etliche Wildkräuter
1 EL Mehl, 1 EL Fett
etwas Milch oder Rahm
Salz, Pfeffer, wenig
Zucker, Brot oder
Klößchen, Grießnockerl
oder dergleichen

Die sorgfältig gewaschenen und verlesenen Wildgemüse und etliche Kräutchen darunter, werden in wenig Salzwasser gekocht und dann gehackt, durchgedreht oder noch besser gemixt und an eine aus Fett und Mehl gerührte Schwitze gegossen. Man fügt etwas Milch dazu, um den Geschmack zu mildern, würzt mit Salz und Zucker, etwas Suppenwürze, nach Belieben ein wenig Pfeffer und gibt dann, wenn die Suppe gut ausgekocht ist, noch einmal frischgehackte, rohe Kräutchen und geröstete Brotwürfel oder beliebige Klößchen, Nockerl oder dergleichen hinein.

Sauerampfer-Suppe

Sauerampfer, 1 EL Butter
1 EL Mehl oder Grieß
½ Becher saurer Rahm
Salz, Zucker, Brotwürfel

Der grobgehackte Sauerampfer wird in Butter angeschmort. Man gießt auf und kocht das angerührte Mehl oder den Grieß ein und würzt mit Salz und etwas Zucker oder 1 Eßlöffel Preiselbeersaft. Die gut ausgekochte Suppe wird mit dem Rahm verfeinert und mit den gerösteten Brotwürfeln angerichtet.

Grüne Suppe mit Schneeklößchen

1 EL Fett, 1 EL Mehl
1 große Tasse gemixte
Wildgemüse-Wildkräuter
1–2 Würfel Rindsbouillon
1–2 Eier, Gewürze

Der gemixte oder feingehackte Wildgemüsekräuterbrei wird in eine aus Fett und Mehl gerührte und mit wenig Wasser aufgegossene Schwitze gegeben. Man gießt die Suppe auf, würzt sie mit einem Würfel Rindsbouillon, etwas Salz, Pfeffer und Muskat nach und setzt von steifgeschlagenem, leicht gesalzenen Eiweiß kleine Klößchen obenauf, die man mit einem Kaffeelöffel formt. Sie sollen nicht mehr sprudeln, sondern nur leise ziehen. Dann werden sie vorsichtig mit der Suppe in die Schüssel gegossen. Die Eidotter kann man verquirlt an die Suppe geben oder anderweitig verwenden.

Grüne Reis- oder Graupensuppe

1 große Tasse Reis oder
Graupen, 1 große Tasse
Wildgemüsebrei, Fleisch-
brühe (Würfel)
Salz, Pfeffer
Zucker, Zitrone, Würze

Reis oder Graupen kocht man in einer Fleischbrühe langsam gar. Dann gibt man 1 Tasse dicklichen feingehackten oder gemixten Wildgemüse-Kräuterbrei hinzu. Die Suppe soll schön grün sein, aber nicht mehr allzu lange kochen. Man würzt mit etwas Zucker, Zitronensaft, Suppenwürze, Salz und Pfeffer nach.

Grüne Eierkuchen

250–300 g Mehl, 1–2 Eier
1 Tasse Wildgemüse-
Kräuterbrei
Salz, etwas Milch

Aus den angegebenen Zutaten bereitet man einen lockeren Eierkuchenteig, zu dem man zweckmäßig die Eidotter und den Eischnee getrennt hinzufügt. Man bäckt die Eierkuchen daraus und überstreut sie mit geriebenem Käse oder füllt sie mit einer Fleischfarce.

Grüne Käseschnitten

Eierkuchenteig, 1 Schale
Wildgemüse, Emmen-
talerkäse, Backfett

Zuerst bereitet man einen dicklichen Eierkuchenteig und gibt reichlich feingehacktes, gekochtes Wildgemüse dazu. In diesem Teig wendet man dann kleine Käsescheiben, die in der Pfanne beiderseits goldgelb ausgebakken werden.

Grüne Spätzle

500 g Mehl, 1–2 Eier
1 Tasse Wildgemüse-
Kräuterbrei, etwas Salz

An das Mehl rührt man den Gemüsebrei und gibt die Eier und das Salz dazu. Wenn nötig, gießt man noch ein wenig Wasser daran, sodaß ein zähfließender, halbdicker Teig entsteht. Er wird sehr gut verschlagen, bis er Blasen wirft und dann durch ein grobes Sieb in kochendes Salzwasser eingetropft. Die kurz aufgekochten Spätzle werden abgesiebt und mit Butter oder geriebenem Käse durchstreut, sofort aufgetragen.

Grün-roter Reis

250 g Reis, 1 Tasse
gemixtes Wildgemüse
1–2 rote Paprikaschoten
etwas Butter und
Parmesan

Das Wildgemüse und etliche Wildkräuter werden in wenig Wasser gekocht und gemixt oder gehackt. Der grüne Brei soll dicklich sein oder er wird abgetropft. Man mischt ihn mit dem gekochten Reis und gibt noch die gehackte und in genügend Butter geschmorte Paprikaschote dazu. Zudem kann man noch etwas Parmesan darüber- oder daruntergeben.

Grüne Pastetchen

500 g Mehl, 1–2 Eier
1 Tasse dicker Wild-
gemüse-Kräuterbrei
1 P Backpulver
Salz, etwas Pfeffer oder
Kümmel

An das Mehl gibt man den Wildgemüse-Kräuterbrei, die Eier und notfalls ein wenig Milch, Salz, Pfeffer oder Kümmel und das ganze Backpulver. Es ist notwendig, damit die Pastetchen schön aufgehen. Der Teig muß ziemlich zäh-dick sein. Man sticht mit einem immer wieder ins Wasser getauchten Löffel kleine Bällchen davon ab und setzt sie in eine Pfanne mit heißem Fett, wo sie schön aufgehen. Die Pastetchen werden doppelseitig gebacken und sind eine ausgezeichnete Beilage zu Braten, aber auch zu Gemüse.

Grüne Kartoffelknödel

1 P Knödelmasse oder
selbstgeriebene Kartoffeln
1 Tasse Wildgemüse-
Kräuterbrei

Den Wildgemüse-Kräuterbrei gießt man mit so viel Wasser auf, als zum Anmachen der Knödelmasse notwendig ist. Man gibt das Kartoffelpulver hinein und rührt gut durch. Nach Belieben kann man auch noch eine feingehackte, geschmorte Zwiebel daruntergeben. Dann bereitet man wie üblich Knödel daraus.

Grüne Farce

1 Teller Wildkräuter und
Wildgemüse, 1 Zwiebel
1–2 Eier, etliche Semmel-
brösel, 1 Stückchen fetten
Schinken oder ¹/₂ Tasse
Grieben, Salz, Pfeffer
Muskat, Würze

Den Schinken würfelt man mit der Zwiebel klein und schmort sie kurz in Fett an. Die Fettgrieben werden mit den leicht gebräunten Zwiebeln nur erhitzt. Man zieht den Topf vom Feuer, fügt die Brösel, die Eier und die Gewürze hinzu. Die Farce soll dicklich und sehr schmackhaft sein. Sie dient zum Füllen von Eierkuchen, Maultaschen und dergleichen.

Grüne Geflügelfülle

1 Stück Butter, 1–2 Eier
1–2 Semmeln oder
Brösel, 1 Tasse
Wildgemüse-Kräuterbrei
2–3 EL geriebene
Mandeln oder Erdnüsse
Salz, Pfeffer, Muskat
Suppenwürze, etwas geriebene Zitronenschale

Butter und Eier werden schaumig gerührt. Dazu gibt man die milchgeweichten und ausgedrückten Semmeln oder die Brösel, den dicklichen, gehackten Brei von gekochtem Wildgemüse und etlichen Wildkräutern, die Mandeln oder Erdnüsse, Salz, Pfeffer, Muskat, etwas geriebene Zitronenschale und Suppenwürze. Die Fülle wird für Geflügel, für Wild, Braten und dergleichen verwendet.

Grüne Specksoße

80–100 g Speck
¹/₂–1 Zwiebel
etwas Knoblauch
1 Teller voll Wildgemüse
und etliche Wildkräuter
1–2 KL Mehl, Salz
Pfeffer, Suppenwürze

Kleingewürfelter Speck wird mit der gehackten Zwiebel, dem Knoblauch und den gehackten Kräutern angeschmort. Man streut das Mehl darüber, gießt auf und verkocht die Soße rasch. Sie wird zuletzt mit Salz und Pfeffer, einer winzigen Prise Zucker und Suppenwürze sehr pikant abgeschmeckt. Man kann auch noch ein wenig Essig oder Berberitzensaft daran geben.

Grüne Senfsoße

1–2 EL Butter, 1 EL
Mehl, 1–2 EL Senf
1 Schale Wildgemüse
und Wildkräuter
¹/₂ Apfel, Salz, Pfeffer
Suppenwürze

Die gewaschenen und feingehackten Kräuter werden roh in der Butter gedämpft. Man stäubt das Mehl darüber, gibt den Senf dazu und gießt mit etwas Wasser oder saurem Rahm auf. Die Soße wird sehr kräftig mit Salz, Pfeffer und dem geriebenen Apfel gewürzt.

Kresse-Soße

1 EL Butter, 1 EL Mehl
etwas saurer Rahm
1 Handvoll Kresseblättchen, Salz, Zucker
Zitrone, Suppenwürze

An eine kleine Schwitze gibt man den Rahm, die feingehackten rohen Kresseblättchen und schmeckt sehr pikant süßsauer mit Salz und Zucker und nach Belieben mit etwas Zitronensaft ab.

Falsche Kresse-Mayonnaise

200 g Mager- oder Rahmquark, 1 Bund Kresse
1–2 EL Öl oder
Mayonnaise, je 1 Prise
Salz, Zucker, Senf
1–2 Tropfen Suppenwürze

Der Quark wird sehr fein verschlagen und mit Öl oder Mayonnaise und den Gewürzen gemischt. Man gibt die feingehackte Kresse darunter, und schmeckt die Mayonnaise gut süß-sauer ab. Auch ein wenig Dill darunter, gibt ein feines Aroma.

Kresse-Mayonnaise

Mayonnaise, Kresse
Zucker, Zitrone

Unter eine fertige Mayonnaise mischt man reichlich feingehackte Kresse und gibt noch eine Prise Zucker sowie etwas Zitronensaft dazu. Das ist eine sehr feine Beilage für kalte Platten, für Fisch, Gebackenes, aber auch zum Garnieren von belegten Broten.

Löwenzahn-Soße

*1 Tasse kalte Schwitze
oder Quark oder Quark
mit Mayonnaise
1 Büschel Löwenzahn
Petersilie, andere, milde
Kräuter, $^1/_2$ Zwiebel
Salz, Zucker, Zitrone
oder Senf, Würze*

Die gehackten Kräuter, die gehackte Zwiebel und die übrigen Zutaten werden gut verschlagen und sehr pikant gewürzt.

Sauerampfer-Soße

*1 Handvoll Sauerampfer
1 Stück Butter
$^1/_2$ EL Mehl, etwas Fleischbrühe und Rahm, Suppen-
würze, Salz und Pfeffer
eventuell etwas Rahmkäse*

Der gut gewaschene, kleingeschnittene Sauerampfer wird fein gewiegt. Man läßt ihn in Butter anlaufen, staubt das Mehl daran und gießt mit wenig Fleischbrühe und Rahm auf. Die Soße soll gut verkochen und wird zuletzt mit Suppenwürze, (Rahmkäse), Salz und Pfeffer sowie einer Prise Zucker würzig abgeschmeckt.

Wildschwein in Sauerampfer-Soße

*Ein Wildschweinbraten
1 Zwiebel
1 Teller Sauerampfer
etliche Wacholderbeeren
2 EL Preiselbeersaft
oder Rosinen, Salz
Pfeffer, Paprika*

Der mit Salz, Pfeffer und Paprika eingeriebene Braten wird wie üblich zugesetzt und gebraten. An die Soße gibt man die gehackte Zwiebel, den kleingeschnittenen Sauerampfer, die zerdrückten Wacholderbeeren und den Preiselbeersaft oder die vorgeweichten Rosinen. Man kann noch mit Rahm oder Rotwein nachschmecken.
Die Soße paßt auch zu gebratenem Schinken und zu Wildgeflügel.

Wildgemüse 1 (Spinat)

*Wildgemüse der milderen
Sorten, beliebig gemischt
oder auch als Anteil zu
Gartenspinat gegeben
1–2 EL Fett, 1–2 EL
Mehl, etwas Milch oder
Rahm, Salz, Muskat
eine Prise Zucker
Suppenwürze*

Zuerst werden die Wildgemüse milderer Sorten, wie Brennessel, Vogelmiere, auch die Blätter von Zuckerrüben und nach Belieben auch noch einige herbere darunter, wie Sauerampfer, Sauerklee, Löwenzahn usw. gut verlesen, gewaschen und in leichtem Salzwasser gargekocht. Man hebt das Gemüse heraus, hackt es mehr oder weniger fein und gießt damit die aus Fett und Mehl gerührte Schwitze an. Das Gemüse wird mit etwas Milch aufgegossen und mit Salz und einer Prise Zucker, Muskat und Suppenwürze sehr pikant abgeschmeckt.
Wildspinat, gleich welcher Zusammensetzung, läßt sich mit Vorteil einfrieren. Man gibt entweder den gekochten, grünen Brei oder das schon fertige Gemüse in Tüten oder Behälter. Es behält Farbe, Geschmack und Vitamine.

Wildgemüse 2

Beliebiges, zartes Wild-
gemüse, 1 Stück Butter
etwas Zwiebel, Salz
Zucker, ein wenig Rahm
oder Zitronensaft

Das Gemüse wird verlesen, gewaschen und in Salzwasser gargekocht. Man nimmt es heraus und gibt es an eine kleingehackte, in Butter angeschmorte Zwiebel. Darin läßt man es noch gut durchgaren und würzt mit Salz, Zucker und fügt entweder etwas Rahm oder nach Belieben auch Zitronensaft hinzu. Man kann es auch mit Bröseln leicht eindicken oder geriebenen Käse darüber streuen.

Kresse-Gemüse

1 Schale junge
Brunnenkresse
2 EL Semmelbrösel
1 Stück Butter, Salz
Muskat, etwas Zucker

Die Brunnenkresseblättchen werden in Salzwasser gekocht, abgetropft und beliebig fein oder grob gehackt. Man schmort inzwischen die Semmelbrösel mit der Butter hell an, gibt die Kresse, etwas Salz und Zucker dazu und reicht das Gemüse insbesondere zu Schweinebraten, zu Bratwurst, Koteletts und dergleichen.

Distel wie Artischocken

Große Distelköpfe
Mayonnaise oder
Salatsoße

Große Distelköpfe faßt man mit Handschuhen an und schneidet sie mit einer Schere so zurecht, daß sie nicht mehr stechen. Zuhause schält man von den gebrühten Disteln den inneren Blütenstand heraus und nimmt außen die großen Blätter weg, so daß nur noch der kleine Boden übrigbleibt. Das ist zwar eine mühselige Arbeit, aber immerhin ein pikantes Ergebnis. Man kocht die Böden in Salzwasser gar, tropft sie ab und macht sie dann mit Mayonnaise oder mit einer Salatsoße zu einem pikanten Salat an, so, wie man es auch mit echten Artischockenböden macht. Im übrigen: Artischocken sind auch nichts weiter als eine größere Art von Disteln.

Nachtkerzen-Wurzelgemüse

Etwa 500 g Nachtkerzen-
wurzeln, 2 EL Butter
2 EL Brösel oder
1 EL Butter, 1 EL Mehl
50 g Schinken- oder
Butterkäse, Petersilie oder
Dill oder Sauerampfer
Salz, 1 Glas Weißwein
oder $^{1}/_{2}$ Zitrone
etwas Zucker

Die sauber gewaschenen, gefällig geschnittenen Wurzeln werden in Salzwasser weich gekocht und abgetropft. Man streut Butterbrösel oder gehackten Schinken mit gehacktem Ei und Petersilie darüber.
Eine andere Art ist, die gekochten Wurzeln in eine weiße Butterschwitze zu geben. Man fügt etwas gehackten Schinken- oder Butterkäse, Salz, Muskat, Zucker und Zitronensaft oder Weißwein, nach Belieben auch ein Eidotter, hinzu und streut Schnittlauch oder Petersilie oder Dill oder Sauerampfer darüber.

Scharbockskraut-Wurzelgemüse

Etliche Brutknollenstöcke
1 EL Fett, 1 EL Mehl
etwas Milch, Salz, Muskat
Zitrone (1 Ei), Peter-
silie oder Scharbocks-
krautblättchen

Die länglichen Brutknollen werden sauber gewaschen und weichgekocht. Man schält sie und gibt sie in eine aus Fett, Mehl und Milch gekochte weiße Schwitze. Mit Salz, Muskat, etwas Zitronensaft und ganz wenig Zucker pikant abschmecken und nach Belieben mit einem Ei legieren. Man kann auch ein Stückchen Butterkäse darin schmelzen, aber nicht mehr kochen lassen. Zuletzt streut man Petersilie oder gehacktes Scharbockskraut darüber.

Farbbild auf Seite 105

Sauerampfer-Kartoffelbrei

1 kg Kartoffeln
500 g Sauerampfer
1 EL Butter, 1 Zwiebel
½ EL Butter, ⅛ l Sahne
Salz, Pfeffer, Muskat

Die geschälten Kartoffeln werden in Salzwasser gargekocht. Inzwischen verliest man den frischgepflückten Sauerampfer; er wird gewaschen und in einem Sieb abgetropft. Dann gibt man ihn kurz in zerlassene Butter; dabei wird er braun und fällt zusammen. Gleich herausheben und abtropfen lassen. Die Zwiebel hacken, wieder Butter in den Topf geben und die Zwiebel darin goldbraun rösten. Die garen Kartoffeln abgießen, zerstampfen, Sauerampfer und Zwiebel beifügen und die Sahne dazugeben. Alles gut mischen und mit Salz, Pfeffer und Muskat abschmecken.

Mischgemüse

1 Teller Wildgemüse
1–2 Paprikaschoten
1 Zwiebel, ein Stück
Sellerie oder 1–2 Stangen
Lauch, einige Gelbe
Rüben, 1 Stück Butter
1 EL Mehl oder
1 Tasse gekochter Reis
Salz, Pfeffer, Zucker
Würzkräutchen

Zuerst schmort man die gehackte Zwiebel in Fett an und gibt dann das kleingeschnittene, gehackte Gemüse darunter. Wenn das Wildgemüse sehr streng im Geschmack ist, kocht man die Blätter zuerst kurz ab und gibt sie gesiebt, aber nicht gehackt an das übrige Gemüse. Man schmort alles gut durch und bindet zuletzt mit etwas Mehl oder gekochtem Reis.

Wildgemüse-Eintopf

1 Stück Speck oder
Schweinebauch
1–2 Zwiebeln, 1 Stück
Butter, 500 g Kar-
toffeln, 1–2 Gelbe Rüben
2–3 Tomaten, 1 Teller
Wildgemüse (Brennessel
Schafgarbe, Malve, Melde
Huflattich, Vogelmiere
Breitwegerich, Wegwarte
Löwenzahn), Wildkräuter
etwas Petersilie, Suppen-
würze, Salz und Pfeffer

Speck oder das Fleisch sowie die Zwiebel werden kleingewürfelt und mit etwas Butter durchgeschmort. Man gibt die gewürfelten Kartoffeln, die aufgerissene Karotte, die kleingewürfelten Tomaten und das beliebig kleingeschnittene Wildgemüse und etliche Wildkräutchen hinzu. Dann gießt man mit Fleischbrühe auf, würzt und läßt nun alles bei kleiner Hitze langsam garen. Der Eintopf wird zuletzt noch mit wenig Zucker und Suppenwürze pikant nachgeschmeckt.

Wildgemüse-Bratlinge

*1 Schale Wildgemüse
3–4 Semmeln oder 1 Tasse
Haferflocken oder
vorgekochte Graupen
oder gekochter Reis, Salz
Zwiebel, Wildkräutchen
Suppenwürze, Backfett*

Das sorgfältig verlesene, gewaschene Gemüse wird roh gehackt oder nach Belieben auch leicht vorgekocht und dann gehackt und mit dem in Milch geweichten und wieder ausgedrückten Weißbrot oder mit den Haferflocken oder den Graupen oder dem Reis vermengt. Man kann auch noch Fleischreste, Speck, Schinken oder Wurst daruntergeben. Dann würzt man die Masse gut mit Salz, gehackter Zwiebel und Kräutchen, etwas Suppenwürze und Pfeffer, formt kleine Bratlinge daraus und bäckt sie in der Pfanne doppelseitig gar.

Maultaschen

*300–400 g Mehl, 1 Ei
etwas Salz und Wasser
oder kalte Kartoffeln
etwas Mehl und Salz
1 Schale Wildgemüse
2–3 EL geriebener Käse
1 Ei, etliche Brösel
Gewürze, Tomatensoße*

Zuerst bereitet man aus Mehl, dem Ei, etwas Wasser und Salz einen Nudelteig oder verknetet die geriebenen Kartoffeln mit Mehl und Salz und wellt den Teig aus. Er wird zu Plätzchen ausgestochen. In der Zwischenzeit hat man das Wildgemüse gekocht, gehackt und mit einer kleinen Mehlschwitze oder mit Bröseln leicht gebunden. Man gibt den Käse, Salz, Pfeffer, etwas Muskat und Suppenwürze dazu, füllt davon je einen Löffel voll in die Plätzchen ein, drückt sie zu und kocht sie in Salzwasser gar. Man nimmt sie heraus, übergießt sie nach Belieben mit etwas heißer Butter oder mit braunen Zwiebelringen oder mit gehacktem, geschmorten Speck und trägt sie heiß mit Tomatensoße auf.

Laubfrösche

*Große, zarte Huflattichblätter, Hackfleischmasse
oder Reispilzmasse,
Backfett*

Große, zarte Huflattichblätter werden in Salzwasser kurz aufgekocht. Man tropft sie ab und füllt sie wie Krautblätter mit einer fertig gewürzten Fleischmasse oder einer Mischung aus Reis und Pilzen mit Gewürzen, rollt sie auf und legt sie nebeneinander in eine gut gefettete Pfanne. Dann bäckt man sie in der Röhre goldbraun. Dazu gibt man eine Kräutersoße S. 120, 121, 137 oder eine Tomatensoße.

Wildgemüse-Pudding

*2–3 Semmeln, 1 EL Fett
750 g Wildgemüse, 4 Eier
Salz, Suppenwürze, etwas
Paprika, Muskat, Fett*

Die Semmeln werden in Wasser oder Milch eingeweicht, ausgedrückt und mit etwas Fett in der Pfanne so lange gerührt, bis die Masse leicht überbräunt ist. Man gibt das gekochte abgetropfte und feingehackte Wildgemüse und nach dem Auskühlen die Eidotter, das Salz, Paprika, Muskat, Suppenwürze und zuletzt den sehr steifen Schnee der Eier darunter. Die Masse wird in eine gut gefettete und gebröselte Puddingform gefüllt und im Wasserbad gekocht. Man stürzt den Pudding und gibt eine Tomaten- oder eine Senfsoße dazu.

Wildgemüse-Pastete

Ungesüßter Mürb- oder Strudelteig, 1 Teller Wildgemüse, 2–3 Eier ½ Tasse Brösel, einige Pilze oder etwas Hackfleisch, 1 Zwiebel Salz, Pfeffer ½ Zitrone, Suppenwürze

Zuerst belegt man eine gefettete, feuerfeste Form mit einem ungesüßten Mürb- oder Strudelteig und schneidet einen Teigdeckel für die Form. Man kann auch fertig gekauften Blätterteig verwenden. Auf den Teig in der Form gibt man das gekochte, gut abgetropfte Wildgemüse, unter das einige Wildkräuter gemischt wurden. Man kann das Wildgemüse nach Belieben auch hacken. Dann verklopft man einige Eier, gibt die Brösel, wenn möglich einige gehackte Pilze oder etwas Hackfleisch oder sonstige durchgedrehte Fleischreste, ein Stück geriebene Zwiebel, Salz, Pfeffer und Zitronensaft und etwas Zitronenschale, wenn es sich um herbe Wildgemüsesorten handelt, eine Prise Zucker und zuletzt noch 1–2 Eßlöffel Parmesan hinzu. Die Masse wird oben glatt gestrichen und mit dem Teigdeckel versehen. Man bestreicht ihn mit Butter und bäckt die Pastete dann bei Mittelhitze goldgelb. Dazu gibt man eine beliebige Soße.

Wildspargel und Wurzeln

Von Disteln, Gartenmelde, Nachtkerze, Löwenzahn, Kümmel, Guter Heinrich, Pastinak, Portulak, Weidenröschen, Wiesenbockskraut, Scharbockskraut, Wegwarte usw. kann man sehr schmackhafte, spargelähnliche Gemüse zubereiten. Auch die Stengel und Sprossen etwa vom wilden Hopfen und anderen Wildpflanzen sind nach verschiedenen Rezepten zu verwerten. Je nach ihrer Art werden die ausgegrabenen Wurzeln gewaschen, weich gekocht und dann geschält oder die Stengel oder Sprossen sauber geputzt, notfalls von ihrer Haut befreit und dann gleichfalls in Salzwasser gekocht. Das Gemüse wird dann wie Gartengemüse ähnlicher Art zubereitet.

Wurzelgemüse mit Soße

Die wie oben genannten Wildspargel oder Wurzeln werden in Salzwasser weichgekocht. Wenn sie sehr streng schmecken, schüttet man das Kochwasser weg. Das Gemüse wird geschält und entweder mit brauner Butter oder mit Butterbröseln übergossen. Man kann auch gehacktes Ei oder Parmesan mit Petersilie oder Schnittlauch darüberstreuen oder die Wurzeln mit Käse bedeckt, überbacken. Ebenso kann man sie in eine weiße Schwitze geben, die mit Milch oder Rahm aufgegossen und mit einem Ei legiert wird. Man würzt entsprechend mit Salz, wenig Pfeffer oder Muskat, mit etwas Kümmel oder Butterkäse und streut zuletzt Kräutchen darüber.

Wurzelsalat

Die Wurzeln oder Sprossen von Wildkräutern werden geschält und mit Essig und Öl, Salz, etwas Zucker und Kräutchen oder mit Mayonnaise zu einem pikanten Salat angemacht, unter den man auch andere Salatsorten oder kleingeschnittene Früchte geben kann.

Wilde Würzkräuter

Eine Wanderung mit Zweck hat erhöhten Reiz, besonders wenn man die vielerlei Blumen, Pflanzen und Sträucher, die am Wege wachsen, kennt. Ein Körbchen oder Netz hat ja jeder gewitzte Spaziergänger sowieso bei sich, und die nötigen Kenntnisse sind auf Grund der Beschreibung und der Bilder auch rasch gewonnen, so daß es interessant und amüsant ist, ans Sammeln zu gehen. Die jetzt folgenden Würzkräutchen bringen eine meist unbekannte, moderne, vitaminreiche und – hoffentlich – auch kalorienarme Küche und sollten deshalb in weit größerem Umfang genützt werden. Ihr besonderer Vorzug liegt neben ihrem für die meisten neuartigen Geschmack gerade in ihrem reichen Gehalt an Bitter- und Duftstoffen, Ölen, Säuren (Gerbsäure), Fermenten und Vitaminen.

Wildkräuter sollen, wie ihre im Garten gezüchteten und gehegten Schwestern, im Sommer frisch verwendet und roh genossen werden. Man darf sie also erst zum Schluß den Speisen zusetzen und nicht mehr lange mitkochen lassen. Am meisten Aroma haben die Würzkräuter, die frühmorgens schon vor der Tageshitze gepflückt werden. In ihrem Gebrauch soll man abwechseln, also nie einseitig oder zu stark mit ihnen würzen.

Um auch im Winter ihr Aroma nicht entbehren zu müssen, trocknet man sie. Man sammelt dann die verschiedenen Wildkräuter am besten vor ihrer Blüte und sorgt für rasche, gründliche, aber sonnenlose Trocknung in leicht zugigem Schatten. Die mit der Hand verrebbelten, staubtrockenen, beinahe pulverisierten Blätter mischt man dann nach Belieben und verwahrt sie in luftdicht schließenden Dosen auf.

Auch das Einlegen in Öl hat sich bewährt. Hier ein Rezeptbeispiel:
125 g Öl, einige Kapern, 50 g Zwiebel, 50 g Estragon, 50 g Pimpinelle, 20 g Portulak, 10 g Majoran, 10 g Pfefferkraut (aus dem Gewürzladen)
Zwiebeln und Kapern hackt man fein, ebenso die gewaschenen, wieder trockenen Kräuter. Man gibt alles in ein Glas, füllt Öl auf und verschließt das Glas (Farbbild auf Seite 141).

Sehr bequem ist auch das Einfrieren frischer Kräutchen. Man hackt sie und füllt sie in die Würfelfächer der Eislade ein. Dann gießt man etwas Wasser auf, friert die Würfel und packt sie dann einzeln in Alufolie, die sich knapp und verschlußfest darum legt. Die Würfel haben gut überall Platz und sind als Grünspritze im Winter sehr hilfreich.

Viele Wildkräuter sind schon bei »Wildgemüsen« beschrieben. Im Nachfolgenden werden daher nur noch jene Kräuter ausführlicher behandelt, die noch nicht genannt sind. Die ersteren werden aber nochmals angeführt, damit man auch über ihre Eigenschaft als Würzkräuter unterrichtet ist.

Für alle Würzkräuter geltende Rezepte finden sich am Ende dieses Kapitels. Auf Spezialrezepte einzelner Würzkräuter wird unter »Verwendung« hingewiesen.

129

Basilikum

Ocimum basilicum
Königskraut, Josefskräutl

Kennzeichen
Die aus Vorderindien stammende
Gewürzpflanze wird 20—40 cm
hoch. Die weißen bis rötlich-weißen
Blüten haben kurze Stiele und stehen zu je 6 in übereinanderstehen-
den Scheinquirlen. Die Blätter sind
eiförmig-lanzettlich, ganzrandig
oder gezähnt; sie riechen stark aromatisch bis aufdringlich und haben
eine starke Würzkraft.

Standort
Verwildert auf guten Böden, auf
Wiesen und in Gartennähe.

Sammelgut
Blätter.

Verwendung
Frisch und getrocknet als starkes
Würzkraut zu Suppen, Salat, Roh-
kost, Kräutersoßen, Kräuteressig,
Tomatensaft, Fischgerichten, Ham-
melbraten, Eintöpfe.
Das Sammelgut wird getrocknet,
gerebbelt und luftdicht aufbewahrt.
Bleibt einige Monate aromastark.

Große Bibernelle

Pimpinella major
Bock- oder Steinpetersilie,
Steinbrech, Pfefferwurz

Kennzeichen
Die 50—100 cm hohe Pflanze hat
einen kahlen Stengel. An den Sten-
gelenden stehen die weißen Blüten
in zusammengesetzten Dolden. Die
einfach gefiederten Blätter sind dunkelgrün. Die Kleine Bibernelle (*P.
saxifraga*) wird 15—20 cm hoch. Der
Geschmack der Bibernelle ist würzig
und erinnert an Gurken.

Standort
Sonnige Hänge, Wiesen,
Waldränder.

Ernte
Juni bis September.

Erntegut
Junge Blätter und Stengelspitzen.

Verwertung
In kleinen Mengen frisch zu Salat,
Rohkost, Quark, Suppe, Spinat,
Kräuteressig usw.
Bibernelle kann nicht getrocknet
werden.

Borretsch

Borago officinalis
Gurkenkraut, Gartenkraut, Wohl-
gemut

Kennzeichen
Die 20—60 cm hohe Pflanze hat
einen doldenartigen Blütenstand;
die Blüten sind hellblau. Die eiför-
mig-elliptischen Blätter sind, wie
auch der Stengel, behaart. Diese

Würzpflanze stammt aus Süd-
europa.

Standort
Wege, Gebüsch, Gärten.

Blütezeit	*Sammelgut*
Juli/August.	Junge Blätter.

Verwendung
Salat, Rohkost, Brotaufstrich;
Kräuteressig, Gurkengewürz.

130

Brunnenkresse

Nasturtium officinale
Bachsalat, Bach- oder Wasserkresse

Kennzeichen
Aufrecht oder kriechend wird die Pflanze 30–80 cm groß. Ihre kleinen weißen Blüten bilden eine trugdoldige Traube. Die gefiederten, dunkelgrünen Blätter schmecken sauerherb und enthalten reichlich Vitamin C. Je älter die Pflanze, desto schärfer der Geschmack.

Standort
Quellige Orte, Gräben, Bachufer, fließende, saubere Gewässer.

Sammelgut
Zarte Blätter und Triebe vor der Blüte.

Ernte
Winter und Frühling bis Mai.

Verwendung
Zum Garnieren, zu Kräuterbutter, Soße, Salat, Brotaufstrich, zu Fisch und kaltem Fleisch. Besonders pikant!

Dost

Origanum vulgare
Dosten, Oregano, wilder Majoran, Schuster-, Müller-Badekraut, Ohrkraut

Kennzeichen
Die stark aromatisch duftende Pflanze wird 30–60 cm hoch und hat länglich-eiförmige Blätter an kurzen Stielen. Ihre hellpurpurnen, seltener auch weißen Blüten stehen in Dolden oder Doldenrispen. Der aus dem Mittelhochdeutschen stammende Name der Pflanze bezieht sich auf den Blütenstand und bedeutet etwa »Strauß«.

Standort
Wald- und Wegränder, Böschungen.

Sammelgut
Blätter und Triebe vor der Blüte.

Ernte
April bis Juli.

Verwendung
Salate, Rohkost, Suppen, Quark, Kartoffel- und Tomatenspeisen, Hülsenfrüchte, Pizza, Soßen, Fleischspeisen, Wurstmassen. Spezialrezept Seite 138.

Dost (Oregano) läßt sich gut trocknen.

Gundermann

Glechoma hederaceum
Gundelrebe

Kennzeichen
Er wird kriechend oder aufsteigend 15–60 cm groß mit blau-violetten Lippenblüten und fast herzförmigen Blättern.

Standort
Zäune, Mauern, Schutt, Wege, Wiesen, Gebüsche.

Sammelgut	*Ernte*
Blüten und Triebe vor der Blüte.	März bis Juni.

Verwendung
Brotaufstrich, Salat, Soße, Quark.

131

Lavendel

Lavandula angustifolia

Kennzeichen
Die blau-violetten Blüten der 20–60
cm hohen Pflanze bilden am Ende
des Stengels eine unterbrochene
Scheinähre. Die schmalen lanzettlichen Blätter sind am Rand eingerollt
und an der Unterseite graufilzig. Der
Geruch der Pflanze ist von aromatischer Frische.

Standort
Garten und verwildert auf gutem
Boden.

Blütezeit
Juli/August.

Sammelgut
Blüten und Blätter.

Verwendung
Mit Bohnenkraut, Salbei und Dill
zu Kräuterbutter oder Soße zu
Fisch; getrocknet als Duftspender in
Schränken und als Badezusatz.

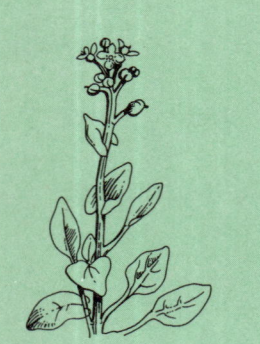

Löffelkraut

Cochlearia officinalis
Löffelkresse, Skorbutkraut

Kennzeichen
Es wird 5–30 cm hoch und hat
eiförmige Blätter, die ohne Stiel am
Stengel sitzen. Am Ende des Stengels stehen die weißen kleinen Blüten in Trauben an kleinen Seitentrieben.

Standort
Quellen, Bachränder, Sümpfe,
Strand, salzhaltige Orte.

Ernte
Mai bis Juni.

Sammelgut
Junge Blätter.

Verwendung
Zu Suppen, Soßen, Salat, Rohkost.

Meerrettich

Armoracia rusticana

Kennzeichen
Die 60–120 cm hohe Pflanze mit
ihrer dicken, fleischigen Wurzel
stammt aus Osteuropa. Sie blüht
weiß in reichblütigen Trauben. Ihre
bis zu 1 m langen Grundblätter sind
länglich-eiförmig und gezähnt; die
fiederspaltigen bis ungeteilten Stengelblätter sind gezähnt bis ganzrandig. Die Pflanze ist reich an Senfölen.

Standort
Gärten und verwildert.

Blütezeit
Juni/Juli.

Sammelgut
Wurzel.

Verwendung
Als Würze in Marinaden, zu Roh-
kost, Salat, Soße, aufgerieben als
Gemüse oder Soße.

Echte Nelkenwurz

Geum urbanum
Märzwurz, Mannskraut

Kennzeichen
Die Pflanze mit ihrem stark ver-
ästelten Stengel wird 25–50 cm
hoch. Die aufrechten, ausgebreiteten Blüten sind goldgelb und bilden
eine lockere Rispe. Die Blätter sind
einfach gefiedert mit einer großen
Endfieder.

Standort
Gräben, Hecken, Waldlichtungen.

Blütezeit
Juni bis August.

Sammelgut
Blätter vor der Blüte.

Verwendung
In kleinen Mengen zu Salat, Soße,
Brotaufstrich.

Pfefferminze

Mentha piperita
Hausminze

Pfefferminze wird bei uns wenig als
Gewürz verwendet, während sie in
anderen Ländern viel für Soßen zu
Fisch und Fleisch, als Aromaträger
für Limonaden und Mischgetränke
verwendet wird. Dieses aromatische
Kräutlein verdiente auch bei uns
eine bessere Aufnahme.

Kennzeichen
Die bis zu 1 m hohe Pflanze blüht
rötlich-lila in Ähren; der Kelch ist
behaart. Auch die länglich-lanzettli-
chen, scharf gesägten Blätter sind an
der Unterseite filzig behaart. Die
Pflanze duftet stark aromatisch.

Standort
In Gärten kultiviert; wild an Fluß-
ufern, in Waldlichtungen.

Blütezeit
Juli/August.

Sammelgut
Blätter während der Blüte.

Verwendung
Zu Soßen, insbesondere zu Ham-
melfleisch, Limonaden. Spezialrezepte S. 143.

Portulak

Portulaca oleracea

Kennzeichen
Die Pflanze mit ihrem liegenden bis
aufsteigenden Stengel wird 10–30 cm
groß. Die Blätter der kleinen gelben
Blüten fallen früh ab. Die fleischigen
Blätter sind keilförmig bis verkehrt
eiförmig. Portulak enthält reichlich
Vitamin C und diente früher zur
Heilung von Skorbut.

Standort
Gärten, Sandboden, Äcker, Weinberge, Dämme, Schutt.

Ernte
Juli bis Oktober.

Sammelgut
Junge Blätter, Stengel, Knospen.

Verwendung
Zu Suppe, Soße, Quark, Brotaufstrich, Marinade.

133

Rosmarin

Rosmarinus officinalis

Kennzeichen
Der bis zu 1 m hohe Zwergstrauch verströmt einen starken, kampferartigen Geruch. Seine kleinen Blüten sind blaßblau oder hellviolett. Die dunkelgrünen, lanzettlichen, lederartigen Blätter erinnern an Nadeln.

Standort
In Gärten und verwildert.

Blütezeit
Mai/Juni.

Sammelgut
Blätter vor der Blüte.

Verwendung
Zu Wild, Geflügel, Fleisch und Fisch, zu Hülsenfrüchten, Marinaden. Starkes Würzkraut! Rosmarin läßt sich gut trocknen.

Sauerampfer

Rumex acetosa
Sauerblätter, Sauergras

Kennzeichen
Er wird 30–100 cm hoch und hat eine schlanke, rötlich-braune Blütenrispe. Die derben dicklichen Blätter sind am Grund pfeilförmig und enthalten reichlich Vitamin C.

Standort
Wiesen, Weiden, Grasplätze.

Ernte
März bis November.

Sammelgut
Blätter, auch von der blühenden Pflanze, Samen.

Verwendung
Zu Salaten, Soße, Suppe, Quark, Fisch, Brotaufstrich. Sehr pikant!

Schafgarbe

Achillea millefolium
Garbenkraut, Katzen- oder Fasankraut, Bauchwehkraut, Gerbel, Tausendblatt, Feldgarbe, Rippenkraut

Kennzeichen
Die trugdoldenartig angeordneten Blüten der 15–50 cm hohen Pflanze sind weiß oder rosa und innen gelbweiß. Die Blätter sind doppelt gefiedert. Die Pflanze riecht streng und schmeckt leicht bitter.

Standort
Wiesen, trockene Sandplätze, Abhänge, Wegränder.

Ernte
Mai bis Herbst.

Sammelgut
Junge Blätter, Blüten.

Verwendung
Zu Salat, Gemüse, Brotaufstrich, Quark. Der sehr spezifische Geschmack verlangt sparsamen Gebrauch.

Thymian

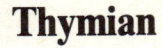

Thymus serpyllum
Feldthymian, Quendel, Feldkümmel, Wilder Rosmarin

Kennzeichen
Kriechend oder aufsteigend ist die Pflanze 5–30 cm groß. Die in kopfigen, kleinen Scheinähren stehenden Blüten sind hell- bis dunkelpurpurn. Die ledrigen länglichen Blätter sind drei- bis viermal so lang wie breit und meistens behaart. Die Pflanze riecht aromatisch, besonders wenn man die Blätter zerreibt.

Standort
Kultiviert in Gärten, verwildert auf Schafweiden, an Weg- und Waldrändern.

Blütezeit
Juni bis September.

Sammelgut
Blüten und Blätter ohne Stengel.

Verwendung
Zu Salat, Rohkost, Kartoffelspeisen, Hülsenfrüchten, Fleisch, Wurst. Sehr pikant!

Thymian läßt sich gut trocknen.

Vogelmiere

Stellaria media
Hühner- oder Mäusedarm

Kennzeichen
Den Namen Hühner- bzw. Mäusedarm hat die Pflanze von ihrem niederliegenden, gewundenen Stengel, der bis zu 30 cm lang wird. Die kleinen weißen, wie Sterne wirkenden Blüten sitzen in den Gabeln oder am Ende der Stengel. Die Blätter sind eiförmig spitz.

Standort
Guter Boden, Garten (Unkraut), Zäune, Hecken.

Ernte
März bis Spätherbst.

Sammelgut
Ganzes Kraut, auch noch im Anfang der Blüte.

Verwendung
Zu Suppen, Soßen, Salat, Rohkost.

Waldmeister

Galium odoratum
Maikraut, Teekraut

Kennzeichen
Die kleinen weißen Blüten der 10–30 cm hohen Pflanze stehen in langstieligen Trugdolden; die lanzettlichen, beiderseits grünen Blätter in Quirlen. Besonders die welkende Pflanze verströmt einen stark aromatischen Duft. Zuviel Waldmeister in der Bowle kann Kopfschmerzen verursachen.

Standort
Buchenwälder, Waldränder, schattige Wiesen.

Blütezeit
Mai/Juni.

Sammelgut
Blätter vor der Blüte.

Verwendung
Bowle, Aromaspender für zarte Süßspeisen. Spezialrezept S. 143.

135

Wiesenschaumkraut

Cardamine pratensis
Wiesenkresse, Steinkresse

Kennzeichen
Die 10–40 cm hohe Pflanze trägt
auf einem runden, hohlen Stengel
eine Traube aus weißen, rosa oder
blaßlila Blüten. Ihre Blätter sind
gefiedert; Die Fiederblätter der
Grundblätter sind rundlich-eiför-
mig, die der Stengelblätter linea-
lisch. Neben Senfölen enthält das
Wiesenschaumkraut reichlich Vitamin C. Ein Insekt, die Schaumzika-
de, saugt den Saft aus dem Stengel
und hinterläßt einen schaumig auf-
getriebenen Tropfen, dem die
Pflanze ihren Namen verdankt.

Standort
Feuchte Wiesen, Bachränder.

Erntezeit
Mai.

Sammelgut
Blätter.

Verwendung
Zu Salat, Rohkost, Suppe, Soße,
Kräuterquark. Sehr pikant-herbes
Kraut!

---

*Überall wird in neuerer Zeit die Verwendung von vielerlei Kräutchen emp-
fohlen. Aber wer nicht gerade einen eigenen Garten und die nötigen Kenntnisse dazu besitzt oder kein reichsortiertes Kräuterweiblein kennt, der geht
zumeist leer aus und aller gute Wille bleibt reine Theorie. Deshalb ist es
vielleicht gerade interessant, sich um Wildkräuter zu bemühen, die sozusagen
überall wachsen, die man nur kennen muß. Es folgt eine Reihe von
Rezeptanregungen, die weiterführend die eigene Kochfantasie erwecken
sollen.*

Pikanter Kräuter-Joghurt

Joghurt, Kräuter, Salz
Zucker, Zitrone oder
1 Likörglas Gin

Unter Joghurt mischt man gehackte Wildkräuter, wenig Salz und Zucker und etwas Zitronensaft oder ein Likörglas Gin. Der Joghurt wird in Gläsern statt Suppe gereicht.

Kräuter-Quark

Mager- oder Rahmquark
1 Schale Gewürzkräuter
etwas Zwiebel, Knoblauch
Salz, 1 Prise Zucker
Suppenwürze

Als Gewürze kann man einzelne Kräuter, wie Melde, Sauerampfer oder Bachkresse, Gundelrebe oder ein wenig Schafgarbe verwenden. Ebenso kann man die Kräutchen untereinander mischen und auch beliebig viel unter den Quark geben. Er wird noch mit Salz und Pfeffer, Zwiebel und Knoblauch und zum Ausgleich der herben und scharfen Kräutchen mit Zucker oder etwas Apfelsaft oder Honig vermischt. Man würzt nach Belieben noch mit Senf pikant nach.

Kräuter-Butter

Butter, Kräuter, Salz

Weichgerührte Butter wird mit beliebigen, auch scharfen, gehackten Wildkräutern verrührt. Man kann neben Salz noch eine winzige Prise Zucker, Pfeffer, Zwiebel- oder Knoblauchpulver oder fein gemahlene Haselnüsse daruntergeben. Die Butter wird als Beilage zu Grilladen oder auch als Brotaufstrich verwendet.

Kräuter-Kokos-Farce

Mayonnaise oder Remou-
lade, ¹/₂ Tasse Kräuter
¹/₂ Tasse Kokosflocken
etwas Quark oder Kokos-
milch, Salz, Pfeffer
1 EL Johannisbeergelee
Senf

Die gehackten Kräuter, die Mayonnaise, Quark oder frische Kokosmilch, die Kokosflocken, das Gelee, Senf und die Gewürze macht man zu einer halbdicken Masse an, die man löffelweise als Krone auf Schnitzel, Grilladen und dergleichen setzt.

Warme Kräuter-Soße

1 EL Fett, 1 EL Mehl
etwas Milch, 1 Tasse
Wildkräuter, Salz, Pfeffer
Zucker, Zitrone, ¹/₂ Apfel

Zuerst bereitet man eine kleine, weiße Schwitze, die mit ein wenig Wasser und Milch aufgegossen wird. Man rührt sie glatt und schmeckt sie dann herzhaft mit Wildkräutern einer oder mehrerer Sorten, mit Salz, einer Prise Zucker, Würze, Zitronensaft und mit etwas geriebenem Apfel ab. Wenn die Wildkräutchen in der Soße sind, darf diese nicht mehr kochen, damit die Kräuter ihr volles Aroma und ihre Vitamine behalten.

Oregano-Braten

Schweinebraten, 1–2 Zwiebeln, 1–2 Gelbe Rüben, etwas Sellerie Lauch, Salz, Pfeffer Dost (Oregano)

Der Braten wird wie üblich zugesetzt und angebraten. Dann gibt man die gehackten Zwiebeln und das geraffelte Gemüse sowie reichlich Oregano dazu und läßt alles garschmoren. Man gießt mit Wasser oder Weißwein auf.

Englische Mint-Sauce

1 gute Handvoll Pfefferminzkraut, 1 EL Zucker 1 Tasse Weinessig

Das Kraut wird gewaschen, fein gehackt, so daß gut 3 EL davon verwendet werden können. Man gibt sie mit dem Zucker und dem Weinessig in ein Töpfchen, deckt zu und läßt die Mischung 3 Stunden kühl stehen. Dann werden die Kräuter etwas abgetropft und nach Belieben mit Öl oder Mayonnaise oder auch blank verwendet. Besonders zu Hammel- und Lammfleischgerichten.

Wildkräutersuppe

2 EL Fett, 2 EL Mehl etwas Milch oder Rahm 1 Tasse Wildkräuter, Salz etwas Zucker, 1 Würfel Rindsbouillon, etwas Rindermark oder Röstbrotwürfel oder gehackter Schinkenspeck

In die aus Fett, Mehl und Milch bereitete helle Schwitze gibt man Salz, etwas Zucker oder Apfelmost und den Bouillonwürfel. Man gießt auf, fügt die Kräuter hinzu und gibt in die nun nicht mehr kochende Suppe das gehackte Mark, die Röstbrotwürfel oder den Speck.

Schnelle Kräutercreme-Suppe

1 Beutel Spargel- oder Champignonsuppe, Milch 1 Tasse Wildkräuter etwas Weißwein, 1 Ei 1 Stückchen Butter

Zuerst bereitet man eine Spargel- oder Champignon-Creme-Suppe aus der Packung, die mit Milch aufgegossen und zuletzt mit feingehackten Wildkräutern einer Sorte oder gemischt sehr würzig abgeschmeckt wird. Die Suppe braucht meist noch eine kleine Prise Zucker, um mild und vollaromatisch zu sein. Man schmeckt sie zuletzt mit etwas Weißwein ab, legiert mit dem Ei und gibt noch ein Stückchen Butter daran.

Kartoffel-Kräutersuppe

Etliche Kartoffeln Mehlschwitze, 2–3 EL Rahm, 1 Tasse Wildkräuter, 1/2 Apfel 1/2 Zwiebel, etwas Curry Salz, Suppenwürze

Eine aus übriggebliebenen und geriebenen Kartoffeln oder aus frisch gekochten Kartoffeln zubereitete Suppe wird mit etwas Mehlbrei oder einer weißen Schwitze eingedickt und mit reichlich Wildkräutern einer oder verschiedener Sorten abgeschmeckt. Man gibt einen Schuß Rahm und 1/2 süßen, geriebenen Apfel daran, der mit etwas gehackter Zwiebel in wenig Butter gar geschmort wurde, um den manchmal etwas herben Geschmack der Wildkräuter auszugleichen. Man vollendet die Suppe noch mit Würze und Curry.

Kräutersuppe nach Marienbader Art

30–50 g Butter, 2 EL Mehl
150 g Kräuter: Löwenzahn
Kresse, Gänseblümchen
Sauerampfer, Brennesseln
Schafgarbe, einige Veil-
chen-, Erdbeer- sowie
Schlüsselblumenblätter
viel Petersilie
3–4 EL Rahm

Junge Löwenzahn- und Sauerampferblätter werden in feine Streifchen ge-schnitten, die übrigen Kräuter nach dem Waschen feingehackt, in der Butter kurz angedämpft, mit etwas Mehl überstreut und gut verrührt. Man gießt mit heißem Wasser oder Fleischbrühe auf, läßt alles leicht kochen und gibt vor dem Anrichten den Rahm darunter. Die Suppe wird nochmals mit Petersilie und gehackten Kräutern überstreut.

Schnelle Wildkräuter-Campingsuppe

1 Bouillonwürfel
1/2 Tasse Haferflocken
1/2 Tasse gehackte Wild-
kräuter, Knoblauch- oder
Zwiebelpulver, etwas
Kondensmilch, Salz
Pfeffer, 1–2 Tomaten

Einen Würfel Rindsbouillon löst man in heißem Wasser auf, kocht etliche Haferflochen ein und gibt zuletzt frischgehackte Wildkräuter dazu. Die Suppe wird mit Knoblauchpulver, Kondensmilch aus der Tube und nach Belieben noch mit gehackter Tomate und Gewürzen versehen.

Kräuter-Grießnockerl

2 EL Fett oder
Rindermark
1–2 Eier, 100 g Grieß
3–4 EL gehackte Wild-
kräuter, Salz, Muskat

Das Fett oder das kleingewiegte Mark werden schaumig gerührt. Daran gibt man den Grieß, die Eier und den dicklichen Kräuterbrei. Man würzt mit Salz und Muskat, läßt die Masse eine halbe Stunde quellen und sticht dann mit dem Kaffeelöffel kleine Nocken aus, die 15 Minuten in der Fleischbrü-he gargekocht werden. Sie müssen mehr ziehen als sprudeln und werden dadurch doppelt so groß und locker.

Rührreier mit Wildkräutern

Eier nach Bedarf, etwas
Joghurt, 1 Stück Käse
Salz, Muskat, Suppen-
würze, 2–3 EL gehackte
Wildkräuter, Butter
Tomatenketchup

Eier nach Bedarf werden mit Joghurt oder Milch verklopft. Man gibt Salz, Muskat, Suppenwürze, den Käse (geriebenen Emmentaler oder etwas kleingewürfelten Butterkäse) und die Wildkräutchen darunter. Daraus be-reitet man mit etwas Butter rasch ein zartes Rührei, das angerichtet und mit Tomatenketchup übergossen wird.

Kräuter-Curry-Eier

Eier nach Bedarf
2–3 EL Mayonnaise
1/2–1 EL Curry
2–3 EL Wildkräuter
Zitrone

Die Eier werden hart gekocht, geschält und halbiert oder aufgeschnitten. Dann gibt man unter die Mayonnaise etwas sauren Rahm, Joghurt oder Quark, die gehackten Wildkräuter einer oder verschiedener Sorten, etwas Salz und Zitronensaft. Man gießt diese dickliche Soße über die Eier und streut nach Belieben noch gemahlene Haselnüsse oder Mandelsplitter darüber.

Schneller Wildsalat

Reste von Reis oder Teig-
waren, 1–2 EL Mayon-
naise oder Öl
Essig, Salz und Zucker
2–3 EL Wildkräuter

Reis oder Teigwaren, die Kräuter und die Salatzutaten werden zart gemischt. Man kann den Salat mit gewürfeltem Geflügelfleisch oder mit
einem grobgeraspelten Apfel oder mit etwas Ananas verfeinern.

Kartoffelsalat mit Wildkräutern

Kartoffelsalat, reichlich Öl
oder Mayonnaise
2–3 EL Wildkräutchen
Zucker, 1–2 Äpfel oder
Birnen oder 1–2 Bananen
1–2 Eier, 1–2 Tomaten
Pinienkerne

Ein würziger Kartoffelsalat wird noch mit etwas mehr Öl oder Mayonnaise,
reichlich Würzkräutchen einer oder verschiedener Sorten, dem geriebenen
Apfel oder der Birne oder der kleingehackten Banane vermischt. Vielleicht
braucht der Salat noch etwas Zucker; er soll sehr gut süß-sauer würzig sein
und wird mit Ei- oder Tomatenscheiben garniert. Zuletzt streut man Pinienkerne darüber.

Kräuter-Wein-Kartoffeln

Kartoffeln, 1 Glas Wein
2–3 EL Kräuter
1 Stück Butter, Salz

Salzkartoffeln werden kurz bevor sie gar sind abgegossen. Man gibt den
Wein und die Butter dazu, deckt den Topf zu und läßt die Kartoffeln bei
sehr milder Wärme nun garen. Darunter gibt man die Wildkräutchen und
schüttelt die Kartoffeln durch. Sie werden sofort aufgetragen.

Kräuter-Reis

200 g Reis, 1 Stück
Butter, 1 Stück Käse
1 EL Curry
1/2 Tasse Wildkräuter
Salz

Der Reis wird körnig gekocht und abgetropft. In der erhitzten Butter
verrührt man den Curry, gibt die Kräutchen, den (je nach Sorte) kleingeschnittenen oder geriebenen Käse und etwas Salz dazu. Diese Paste mischt
man unter den Reis, streut oder flockt noch einmal Käse darüber und
serviert ihn sofort.

Grüne Kräuter-Nudeln

500 g Mehl, 1–2 Eier
1 Tasse Wildkräuter-
gemix, Salz

Die Wildkräuter werden gemixt oder gehackt. Der grüne Brei wird mit
1–2 Eiern und etwas Salz unter das Mehl geknetet. Sobald der Teig nicht
mehr klebt, rollt man dünne Flecke davon aus und schneidet sie zu schmalen Streifen. Man kocht frische Nudeln etwa 10, getrocknete 12–15 Minuten in Salzwasser. Dann tropft man sie ab und gibt (ohne daß man sie kalt
schwenkt), sofort Butterflöckchen darunter. Auch Käse schmeckt gut dazu.
Man kann auch gekaufte Nudeln kochen, abtropfen und mit den kurz in
Butter geschmorten, gehackten Kräutchen und etwas Käse vermischen.

Pfefferminz-Gelee

25 g Pfefferminz-Tee (Blätter), 1¹/₂ l Wasser 3¹/₂ Pfund Zucker Saft einer Zitrone 1 Normalflasche Opekta

Der Pfefferminz-Tee wird mit kochendem Wasser gebrüht und 10 Minuten zugedeckt zum Ziehen beiseitegestellt. Man siebt ¹/₄ Liter ab und kocht den Zucker mit. Dann gibt man Opekta und Zitronensaft dazu, läßt kurz aufwallen und füllt das fertige Gelee in Gläser, die sofort verschlossen werden.

Pfefferminz-Milch

Eiswürfel, 1 Sträußchen Pfefferminz, 1–2 EL Zucker, 1 Becher Milch 1–2 Gläschen Weinbrand

Ein Teil des Pfefferminzkrautes wird im Glas zerdrückt. Darauf gibt man 1–2 Eiswürfel, den Zucker und Zitronensaft, die eiskalte Milch und zuletzt den Weinbrand. Wenn kein frisches Pfefferminzkraut zur Verfügung steht, kann man auch getrocknete Pfefferminzblätter verwenden. Sehr gut paßt ein Crustarand, also ein Zuckerrand dazu: Vor dem Einfüllen Glasrand rundum befeuchten (vorsichtig und nicht zu tief in Flüssigkeit stülpen) und dann in Zucker tauchen.

Brandy Julep

Eiswürfel, 2 TL Zucker einige frische kleine Pfefferminzzweige 1 Glas Weinbrand Kompottkirschen, Trauben

Man gibt in einen Tumbler (Becher) den Zucker, löst ihn mit etwas Wasser auf und fügt 3–4 Zweiglein frische Pfefferminze dazu, die man mit einem Teelöffel so lange ausdrückt, bis genügend Aroma zurückbleibt; dann werden sie wieder entfernt. Man füllt den Becher zu ⁴/₅ mit feingeschabtem Eis, gießt den Weinbrand hinzu und rührt um, bis das Glas beschlagen ist. In die Mitte steckt man einen Zweig frische Pfefferminze und außerherum garniert man mit Kompottkirschen und Trauben. Mit Löffel und Saughalm servieren.

Amerikanischer Mint-Julep

1–2 Stengel Pfefferminzkraut 1 TL Zucker, 1 Zitrone 1 Glas Gin, 1 Glas Sherry Eiswürfel, Ananassaft

In einen Schüttelbecher gibt man das Pfefferminzkraut und die übrigen Zutaten und, wenn möglich, auch noch etwas Ananassaft. Man schüttelt gut durch und verteilt den Julep in kleine Gläschen, an deren Rand ein kleines Pfefferminzsträußchen aufgesteckt ist.

Waldmeister-Bowle

Ein Büschel Waldmeister 1 Flasche Rheinwein 1 Flasche Sekt

Der kurz gewaschene Waldmeister (vor der Blüte) wird als Bündel in ein Bowlengefäß gehängt. Man gießt den Wein darüber und läßt ihn 20 Minuten zugedeckt stehen. Bei Gebrauch nimmt man den Waldmeister heraus und gießt den Sekt auf. Man kann noch kleine, frische Waldmeistersträußchen in die Bowlengläser geben oder an deren Rand hängen.

143

Würziger Wildkräuter-Tee

Beim Sammeln achte man darauf, daß die Blätter jung, zart und tadellos sind. Blüten schmecken am besten, wenn sie noch nicht offen, andererseits aber auch noch nicht abgewelkt sind; außerdem soll man sie nicht in der größten Mittagshitze pflücken, da sie dann ihre Duftstoffe nicht so gut bewahren.

Zum Trocknen legt man die Kräuter und Blüten in dünner Schicht entweder auf ein Tuch oder auf eine große Pappe aus. Es ist zweckmäßig, sie bei leichtem Wind, aber nicht in der Sonne, zu trocknen. Das Trockengut muß öfters gewendet werden, nur Kamille nicht, weil sie sonst ihre Blütenblätter verliert.

Von besonderem Vorteil ist das Fermentieren des Tees. Dazu läßt man die jungen Blätter 24 Stunden welken. Dann werden sie in einen Topf geschichtet, leicht mit Wasser bespritzt und stark beschwert. Man verwendet dazu einen Teller mit einem Bügeleisen oder dergleichen. Während des dreitägigen Fermentierens soll der Tee bei ungefähr 30 Grad Wärme gehalten werden. Dann nimmt man ihn aus dem Topf und trocknet ihn 1–2 Tage. Die vom Fermentieren dunkel gewordenen Blätter haben jetzt einen besonders guten, an echten Tee erinnernden Duft und Geschmack. Sie färben auch besser. Man gibt die kleingeschnittenen Teeblätter dann nach Sorten einzeln oder nach Belieben schon gemischt in gut verschließbare Gefäße aus Glas oder Plastik.

Für sogenannten Kräuter- oder Haustee soll man eine besondere Kanne verwenden, denn sein spezifischer Geschmack teilt sich sonst anderen Getränken mit. Für 1 Liter Tee brüht man 2 Eßlöffel getrocknete Kräuter mit sprudelnd kochendem Wasser auf. Man läßt den Tee 5–10 Minuten ziehen und siebt ihn dann ab. Zarte oder frische Blätter oder Blüten sind natürlich rascher fertig als holzige oder harte Kräuter, Stiele, Wurzeln usw.

Apfelschalen und Hagebutten werden über Nacht in kaltem Wasser eingeweicht und dann mit dem Einweichwasser 10 Minuten gekocht. Man kann mit dem abgesiebten Teewasser dann die übrigen Teekräuter überbrühen.

Wildgewürze

Die Natur spendet uns nicht nur wohlschmeckende Kräuter, sondern darüber hinaus ausgesprochene Gewürze, die es uns ermöglichen, auch ohne die importierten sogenannten »echten« Gewürze pikant und abwechslungsreich zu kochen. Man muß nur die Augen aufmachen und die Gaben aus Wald und Flur richtig ernten.

Gerade hier führt das Sammeln zu einem schnellen Erfolg. Reichen doch in der Regel schon wenige Beeren oder Blättchen aus, um einer Speise einen besonderen und unverwechselbaren Geschmack zu verleihen.

Einige der als Wildgewürze aufgeführten Pflanzen sind schon im Kapitel »Wildfrüchte« genannt. Viele andere Gewürzpflanzen kommen hinzu. Zum Teil handelt es sich um Ahnen unserer Gartengewürze, die hier in ihrer Ursprünglichkeit zur Geltung kommen können.

Beim Sammeln von Gewürzen, bei denen ja das Aroma und die speziellen, aromatischen Öle besonders wichtig sind, soll man darauf achten, nur frische Pflanzen und Früchte zu wählen. Sie sollen also nicht unreif oder schon zu stark ausgewachsen sein. Das gilt insbesondere für alle Blätter, Stengel und Wurzeln, aber natürlich auch Früchte. Am besten pflückt man die Gewürze am frühen Morgen oder auch spät abends (nicht in der prallen Sonne), weil sie dann am meisten Aroma enthalten.

Überdies ist darauf zu achten, daß man nicht ausgerechnet an Straßenrändern verstaubte und von Auto-Auspuffgasen verdorbene Gewürzpflanzen sammelt. Sie müssen selbstverständlich gewaschen werden, wenn es sich nicht um Pflanzenteile handelt, die in einer natürlichen Hülle gewachsen sind. Zudem ist es zweckmäßig, sie für den Gebrauch zu zerkleinern, dann erst geben sie ihre Würzkraft frei; deshalb ist es gut, Wildgewürze im Mörser zu zerstampfen oder im Mixer anzuschlagen. Viele geben auch erst beim Kochen ihren ganzen Duft ab.

Man bewahrt sie auch in gut verschließbaren Gefäßen wie Importgewürze auf und sammelt lieber im nächsten Jahr wieder frische, als daß man sie zu lange liegen läßt. Nur ganz frisch sind sie nämlich vollgültig in ihrer natürlichen Würze.

Diese Wildgewürze werden hier wieder in alphabetischer Reihenfolge vorgestellt und jeweils ihr Verwendungszweck angegeben. Spezielle Rezepte folgen am Ende des Kapitels.

Berberitze

Berberis vulgaris
Essigbeere, Essigdorn, Sauerdorn,
Dreidorn

Kennzeichen
Der Strauch mit seinen rutenförmigen Ästen wird bis zu 3 m hoch.
Seine gelben Blüten, wie auch sein
ebenfalls gelbes Holz riechen stark
herbsüß. Der im Holz enthaltene
Farbstoff wurde früher zum Färben
von Leder verwendet. Die eiförmigen Blätter wachsen an kurzen Stielen in Büscheln. An den Langtrieben
sitzen – meist dreiteilige – Dornen
(Dreidorn). Die scharlachroten,
länglichen und kernreichen Beeren
sind sehr sauer (Sauerdorn); sie enthalten wertvolle Äpfel- und Zitronensäure.

Standort
Feldraine, Waldränder, Gärten. Da
die Berberitze Überträgerin des
Getreiderostes, eines gefürchteten
Getreideschädlings, ist, wurde sie in
der Nähe von Getreidefeldern meist
ausgerottet.

Erntezeit
Spätherbst, am besten nach Eintritt
des Frostes, der die Säure mildert.

Sammelgut
Beeren. Es ist zweckmäßig, die
Beeren erst zu Hause von den
traubenförmigen Ästchen
abzunehmen, da sie, einzeln
gepflückt, leicht zerdrückt werden
und aussaften.

Verwendung
Der rein saure Saft kann sowohl
frisch wie auch in kleinen Fläschchen sterilisiert, das ganze Jahr an
Stelle von Essig für Salate, Soßen
und andere würzige Speisen verwendet werden.

Bitterklee

Menyanthes trifoliata
Biber-, Fieberklee, Zottelblume

Kennzeichen
Die 15–30 cm hohe Pflanze ist ein
Enziangewächs. Ihre weißen bis rosa
Blüten stehen in dichten Trauben.
Ihre Blätter sind wie beim Klee
3zählig, aber viel größer. Von dieser
Blattform und den in ihr enthaltenen
Bitterstoffen hat die Pflanze ihren
Namen. Der ebenso gebräuchliche
Namen »Fieberklee« verweist auf
ihre alte Bedeutung als Heilpflanze.
In Kräuterbüchern werden ihre getrockneten Blüten als Würzmittel
für Süßspeisen empfohlen.

Heute gehört der Bitter- oder Fieberklee zu den gefährdeten Pflanzen. Wer das seltene Glück hat, noch
ein Exemplar zu finden, sollte sich
daran erfreuen und es stehen lassen.

Standort
Feuchte Wiesen, Wassergräben und
in dichten Beständen.

Blütezeit
Mai/Juni.

Fenchel

Foeniculum vulgare

Kennzeichen
Die dem Dill ähnliche, kräftige
Pflanze wird bis zu 180 cm hoch, hat
gelbe Blütenköpfe und fein gefie-
derte Blätter. Der Wurzelstock ist
spindelförmig oder bildet eine große
Zwiebel, die »Knolle«.

Standort
In Gärten und
verwildert.

Blütezeit
Juli/August.

Verwendung
Die reifen Samen als Gewürz in Gebäck, Brot, Getränken, Tee.

Hederich

Rhaphanus rhaphanistrum
Weißer Senf, Wegsenf, Wilder
Rettich

Kennzeichen
Er wird 30–60 cm hoch. Die hellgelben oder weißen Blüten sind dunkler
gelb oder violett geädert und stehen
in doldenähnlichen Trauben. Die
unteren Blätter sind leierförmig, die
oberen lanzettlich. Wenn man die
Blätter zerreibt, darf der Geruch
nicht unangenehm sein.

Standort
Felder, Wege, Brachland, Schutthalden.

Ernte
Mai/Juni, September/Oktober.

Sammelgut
Blätter, Stengelspitzen, Knospen,
Samen.

Verwendung
Samen als Senfkörnerersatz für
Marinaden, Soßen, Kräuteressig.

Kalmus

Acorus calamus
Magenwurz, Ackerwurz

Kennzeichen
Der Blütenkolben der 90–160 cm
hohen Pflanze ist scheinbar seiten-
ständig; die Blüten sind grünlich-
gelb. Die Blätter verströmen, wenn
man sie zerreibt, einen aromatischen
Geruch. Der Wurzelstock enthält
verdauungsanregende Substanzen.

Standort
Bäche, Flußufer und Sümpfe.

Blütezeit
Juli/August.

Sammelgut
Wurzel.

Verwendung
Die Wurzel getrocknet und gemahlen als Muskat-Ersatz oder, in Zuk-
ker kandiert, wie Ingwer zu Bäcke-
reien, Obstspeisen, Kompotten.
Dazu wird die geschälte Wurzel
weichgekocht, abgetropft, abge-
trocknet, in Scheiben geschnitten
und kurz übertrocknet. Dann kocht
man etwas Zucker zu dickem Fa-
den, wendet die Kalmusstücke darin
und läßt sie etliche Tage liegen.
Man tropft den Zuckersaft ab,
kocht ihn dicker ein und gießt ihn
erneut dazu. Das wiederholt man
3-4mal, bis der Zucker die Kalmusstücke trocken umgibt. Der fertige
Kalmus wird in Blechdosen trocken
aufbewahrt.

Kapern

von Gänseblümchen, Gartenkresse, grünen Holunderbeeren, Löwenzahn, Portulak, Sumpfdotterblume, Essig, Salz, Pfeffer, Zucker

Im Frühling, wenn Portulak, Gänseblümchen und Löwenzahn noch kleine Knöpfe im Blätterherz haben, pflückt man sie, wie man auch grüne Holunderbeeren oder im Herbst abgefallene Kressesamen sammelt. Man kocht sie in Essig-Salzwasser nicht zu weich. Sie sollen nicht zerfallen. Dann hebt man sie aus dem Essigwasser heraus, verstärkt das Wasser durch Zusatz von weiterem Wein- oder selbstgemachtem Kräuteressig, Salz und etwas Zucker, so daß es sehr kräftig

schmeckt und gibt die Brühe wieder über die »Kapern«. Man läßt sie einige Tage darin liegen, siebt die Marinade erneut ab, kocht sie stärker ein und gibt sie wieder darüber. Das wiederholt man noch 1-2mal, bis die »Kapern« völlig vom Essigwasser durchdrungen sind. Sie sollen sehr pikant sauer schmecken und werden wie echte Kapern zum Garnieren und zum Würzen von Soßen, Fleischgerichten, Fisch, Salaten und dergleichen verwendet. Die Kapern halten sich wochenlang, wenn sie stets von der Essigbrühe bedeckt sind.

Kümmel

Carum carvi
Feld- oder Wiesenkümmel, wilder Kümmel, Karbo, Garbei, Kümmich

Kennzeichen
Er wird bis zu 1 m hoch und blüht weiß oder rosa in zusammengesetzten Dolden. Die Blätter sind fiederteilig; wenn man sie zerreibt, riechen sie aromatisch.

Standort
Wiesen, Bahndämme, Wegränder, Raine, besonders auf Lehm.

Ernte
Sommer, Samen im Herbst.

Sammelgut
Junge Blätter und Triebe vor der Blüte, Samen.

Verwendung
Die Samen als Gewürz für Soßen, zu Kartoffelspeisen, Schweinebraten, für Marinade, Brot und Kümmelgebäck. Spezialrezepte S. 151.

Wenn der Kümmelsamen noch nicht ganz reif ist, pflückt man ihn samt den Dolden und läßt ihn an der Luft oder in der Sonne nachreifen. Dann erst schüttelt oder rebbelt man ihn aus und bewahrt ihn in Dosen auf.
Kümmel wird bedeutend aromatischer, wenn man ihn kurz mixt oder hackt, denn dadurch erst werden seine ätherischen Öle freigegeben.

Melisse

Melissa officinalis
Bienenkraut, Zitronenmelisse

Kennzeichen
Die ausdauernde, 40–70 cm hohe
Pflanze riecht deutlich nach Zitrone.
Ihre gelblich-grünen Blätter sind ei-
förmig-spitz und gezähnt. Die klei-
nen Blüten sind weiß. Schon im
Altertum wurde die Melisse als Heil-
mittel verwendet.

Standort
Kultiviert in Gärten, gelegentlich
verwildert.

Blütezeit	*Sammelgut*
Juli/August.	Blätter vor der Blüte.

Verwendung
In rohem Zustand als Zitronen-Er-
satz, zu Salaten, Rohkost, Diätspei-
sen, Soße, Suppe, Brotaufstrich,
Kräuterquark; Melisse, verliert
durch Erhitzen die Würzkraft!

Mohn

Papaver rhoeas
Klatschmohn, Rote Glitsche, fälschlich auch Kornblume

Kennzeichen
Der behaarte Stengel der 30–80 cm
hohen Pflanze enthält einen weißen,
schwach widerlich riechenden
Milchsaft. Die fiederteiligen Blätter
sind behaart. Die Blüten sitzen einzeln an langen Stielen; die leuchtend
roten Blütenblätter haben am

Grund oft einen schwarzen Fleck.
Die Frucht ist eine eiförmige Kapsel.

Standort
Unkraut in Getreidefeldern.

Blütezeit	*Sammelgut*
Mai/Juni.	Fruchtkapseln

Verwendung
Der in den gut abgetrockneten
Mohnkapseln enthaltene Samen ist
eine beliebte Würze zu Brot, Ge-
bäck und Mehlspeisen.
Spezialrezepte S. 152.

Pfirsichblätter

Verwendung
Die in Milch ausgekochten Blätter
bilden einen sehr guten Ersatz für
Bittermandeln. Man verwendet sie
für Pudding, Milch-Mehlspeisen,
für Limonaden, zum Tee, in Bowlen
und dergleichen. Man kann sowohl
frische wie auch getrocknete Blätter
verwenden. Sie sollen nur keine
Flecken haben.

Pfirsichkerne

Verwendung
Die weichen Innenkerne der aufgeschlagenen Steine sind ein sehr guter Bittermandel-Ersatz für Gebäck, Getränke usw. und können in
kleineren Mengen (Blausäure!)
ohne Bedenken verwendet werden.
Die Kerne müssen frisch aufge-
schlagen und unter häufigem Wenden gut getrocknet werden, sonst
schimmeln sie leicht und sind ver-
dorben.

Wacholder

Juniperus communis
Gemeiner Wacholder oder Krana-
wittstrauch

Kennzeichen
Der 2–5 m hohe, säulenförmig aufrecht wachsende Strauch ist ein Zy-
pressengewächs. Die nadelförmigen
Blätter sind immergrün. Die sehr
kleinen gelben Blüten erscheinen
nach männlichen und weiblichen getrennt auf verschiedenen Pflanzen.
Die kugelige Frucht, ein Beerenzap-
fen, hat einen Durchmesser von
5–9 mm; sie ist anfangs grün und
wird im 2. Jahr nach der Blüte
bläulich-schwarz; sie wirkt appetitanregend und harntreibend.

Standort
Heidegelände, sonnige Halden, sandiger Boden.

Erntezeit
Herbst.

Verwertung
Blätter und Stengel als Räuchermit-
tel. Aus den frischen Beeren wird
Saft und Öl gewonnen. Fernerhin
kann man Likör und Branntwein
(Steinhäger) daraus bereiten. Die
getrockneten Wacholderbeeren
sind als Küchengewürz verwendbar
zu Sauerkraut, Braten, Gemüse,
Soßen, Marinaden und Getränken.
Spezialrezepte S. 151, 152.

Wenn man in heideartigem Gelände
Wacholderbeeren finden kann, soll
man – natürlich bei aller Schonung
der meist schön gewachsenen
Bäume – zugreifen und reife Beeren
sammeln. Sie schmecken wesentlich
besser als gekaufte, denn sie sind
auch noch erinnerungsträchtig, und
bringen lange den erntereichen Hei-
degang zurück. Man gibt die getrockneten Beeren in Sauerkraut, in
Fleischsoßen, in Bratenbeizen und
an andere pikante Speisen. Ihre
Würzwirkung wird wesentlich er-
höht, wenn man sie zerdrückt. Die
weniger schönen, auch die bereits
ausgekochten, gibt man unter das
Vogelfutter.

Wildkirschenkerne

Verwendung
Das aufgeschlagene Innere als Ersatz für Bittermandeln. Man soll
nicht mehr als 1 Eßlöffel voll davon
auf einmal verwenden.

*Ab der nächsten Seite folgen Spezial-
rezepte für die bisher genannten
Wildgewürze.*

150

Kümmel-Suppe

2 EL Fett, 2 EL Mehl
1 EL Kümmel
1 Glas Rotwein
¹/₂ Becher (saurer) Rahm
Salz, Pfeffer, Zucker
Suppenwürze

In Fett läßt man den kurz gemixten oder gehackten Kümmel rösten. Man muß dabei den Topf zudecken, denn der heiße Kümmel springt. Daran gibt man das Mehl, läßt es etwas bräunen und gießt mit Wasser oder Fleischbrühe auf. Die nun sehr gut durchgekochte Suppe wird mit Rotwein, Rahm, Salz, Pfeffer, etwas Zucker und Würze sehr pikant abgeschmeckt. Man kann sie durch ein Sieb geben und gebräunte Zwiebelringe oder Röstbrotwürfel darüber streuen.

Kümmelwurzeln in weißer Soße

Einige Kümmelwurzel-
stöcke
1 EL Fett, 1 EL Mehl
etwas Milch, ¹/₂ Zitrone
Salz, Pfeffer, Muskat

Die ausgegrabenen, gut gewaschenen Wurzeln werden in Stücke geschnitten und in Salzwasser weichgekocht. Man gibt sie in eine weiße Schwitze, die mit etwas Milch aufgegossen wird und würzt gut nach. Auch Kümmelsamen paßt als Würze dazu.

Kümmel-Kekse

250 g Mehl, 125 g Butter
1 Dreieck Schmelzkäse
1–2 Eier, Salz
1 EL Zucker und
1 TL Backpulver
Kümmel

Mehl, Butter- und Käseflöckchen, die Eier, Salz, Zucker und Backpulver werden rasch verknetet. Man gibt den kurz gemixten oder gehackten Kümmel dazu, wellt den Teig dick aus und radelt Karos oder Rauten aus. Sie werden mit Eigelb bestrichen und hell gebacken.

Kalte Wacholder-Soße

1 Tasse Wildbretsoße
2 Eier, 3–4 EL Olivenöl
¹/₂ Zitrone, 4–5 Wacholderbeeren, 2 Likörgläser
Gin, Salz, Pfeffer
Glutamatwürze

Die gekochten Eier werden mit der Bratensoße, dem Öl, dem Zitronensaft, dem Gin, Wacholderbeeren und den Gewürzen im Mixer püriert. Die Soße soll sehr pikant und halbdick sein. Statt Öl kann man auch zuletzt Mayonnaise oder Remoulade unterziehen.

Warme Wacholder-Soße

3 EL Schwarzbrotbrösel
1 EL geriebener Pumpernickel, 2 Eidotter
1 Tasse Wildbratensoße
5 Wacholderbeeren
¹/₂ Zitrone, ¹/₂ Glas Rotwein, 1 EL Butter, etwas
Zwiebel, Salz, Pfeffer
Thymian

Die Brösel werden mit dem Rotwein, dem Zitronensaft und den Eidottern, der Bratensoße, der in etwas Butter geschmorten, gehackten Zwiebel, den zerdrückten Wacholderbeeren und den anderen Gewürzen gemischt. Man läßt alles eine Weile in milder Hitze quellen und würzt dann noch kräftig nach. Die Soße paßt besonders gut zu Wildgerichten.

151

Wacholder-Likör

*¹/₄ l frische Wacholder-
beeren, 2 l Branntwein
375 g Zucker*

Die möglichst frischen und gesunden Wacholderbeeren werden zerquetscht, damit sie all ihr Aroma abgeben können. Man gibt sie in eine Flasche mit einem weiten Hals und gießt den Branntwein dazu. Man läßt die Flasche 14 Tage unter häufigem Schütteln in der Sonne oder in Ofennähe stehen, damit sich das ganze Aroma entwickeln kann. Dann siebt man den Alkohol ab und kocht mit ³/₈ Liter Wasser den Zucker zu einem dicklichen Sirup, gießt ihn an den Branntwein und mischt gut. Der Likör wird noch einmal einige Tage an die Sonne gestellt und dann auf Flaschen gezogen. Je älter er werden kann, desto voller im Geschmack wird er.

Mohnfülle

*100 g Mohnsamen, ¹/₄ l
Milch, 1–2 EL Butter
2–3 EL Zucker
einige Tropfen Mandelöl
oder 1 EL aufgeschlagene
Pfirsichkerne*

Der Mohn wird in der Milch dicklich gekocht. Man gibt den überkühlten Brei in die mit Zucker gerührte Butter, fügt Mandeln oder die Pfirsichkerne und nach Belieben noch etwas Vanillinzucker hinzu. Die halbfeste Masse wird auf den Teig gestrichen.
Für Hefeteigkuchen und -Kleingebäck, für Strudel, Rouladen, Kuchen, Mohnstreuselkuchen, Mohnschnecken usw.

Mohn-Streuselkuchen

*Hefe- oder Mürbteig
Mohnfülle siehe oben
100 g Butter, 100 g Mehl
100 g Zucker, 100 g Man-
deln, 2 Vanillinzucker
etwas Mandelöl*

Die im vorherigen Rezept genannte Mohnfülle wird dick auf einen ausgebreiteten Hefe- oder Mürbteig gegeben. Dann bereitet man Streusel aus Butter, Mehl, Zucker, den geriebenen Mandeln und Vanillinzucker sowie Mandelöl, verteilt sie über die Mohnschicht und bäckt den Kuchen bei guter Hitze gar. Dann schneidet man ihn in gefällige Stücke.

Mohnkuchen

*Beliebiger Mürbteig
250 g Mohn, 125 g
Mandeln, 2 Eier, 200 g
Zucker, 1–2 P Vanillin-
zucker, etwas Mandelöl
¹/₄ l Milch, ¹/₂ Tasse Rosinen, 500 g Äpfel, Zucker*

Der gemahlene Mohn wird mit den geriebenen Mandeln, Eiern und Zucker, Vanillinzucker und Mandelöl gerührt. Man gibt die Milch, die Rosinen und notfalls noch 1–2 Eßlöffel Brösel dazu. Die dickliche Masse streicht man auf den Mürbteigboden in der Springform und verteilt die grob geraspelten, durchgezuckerten Äpfel darüber. Von einem Rest des Teiges legt man ein Gitter obenauf, bestreicht es mit Eidotter und bäckt den Kuchen bei Mittelhitze langsam gar.

Pilze

Pilze sind dank ihrem hohen Eiweißgehalt von großer ernährungswirtschaftlicher Bedeutung. Sie bieten zudem schmackhafte Abwechslungsmöglichkeiten. Pilzabfälle oder Pilze, die wohl eßbar, aber weniger genußreich sind, wie etwa große Mengen Täublinge, soll man als Viehfutter verwenden. Besonders Hühner und Schweine fressen sie gern und mit Vorteil.

Im Rahmen dieses Ratgebers werden die eßbaren Pilze vorgestellt und dabei jeweils die Güteklasse angegeben.

Am Ende des Kapitels folgen dann die Rezepte.

Es gibt Pilzbestimmungsbücher, die das Erkennen der Pilze erleichtern. Doch ein Buch allein kann die unmittelbare Anschauung und Erfahrung nicht ersetzen. Einerseits gibt es zu viele einander ähnliche Pilze und andererseits sind ihre Wachstumsbedingungen so verschieden, daß auch ein sonst gut bekannter Pilz sich fast bis zur Unkenntlichkeit in Farbe und Form verändern kann.

Im Folgenden werden nach äußeren Merkmalen unterschieden:

1. **Blätter- oder Lamellenpilze,** die als Futter (Unterseite des Hutes) fächerartige, vom Stiel nach außen ausstrahlende Blätter aufweisen. Sie tragen die Sporen, sind bei jungen Pilzen zart und brüchig, bei älteren trocken und zäh.
2. **Röhrenpilze.** Die Unterseite des Hutes ist schwammartig und endet in der Außenschicht mit mehr oder weniger feinen Röhrchen. Junge Pilze haben ein festes Futter. Wenn man den Pilz auseinanderbricht, liegen die Röhrchen dicht nebeneinander. Sie sind im Gegensatz zum Pilzfleisch meist grün, bräunlich oder grau gefärbt. Die Röhrchen enthalten die Sporen; in der Jugend ist das Futter fest und glatt und eßbar, im Alter schwammig und naß und deshalb schwer verdaulich.
3. **Stachelpilze.** Die Unterseite endet in (allerdings weichen) Stacheln, die leicht brechen. Im Alter werden die Stacheln länger und stehen ungleichmäßig vor.
4. **Stäublinge** (Boviste). Diese sind stiellose, kugel- oder birnenförmige Pilze, die in der Jugend ein festes, glattes Fleisch haben und rundum von einer zähen Haut umschlossen sind. Im Alter wird das Fleisch dunkel und staubtrocken; wenn man die Pilze stößt, stauben die trockenen Sporen als leichte Wolke aus.
5. **Andere Pilze,** wie Ziegenbart oder Hahnenkamm, Krause Glucke und Morcheln, die verschiedenen Gruppen angehören.

153

Die botanischen Familien der Pilze sind nur dem Wissenschaftler geläufig; wenn man aber einmal einige Kenntnisse erworben hat und die Hauptmerkmale zu unterscheiden vermag, dann weiß man sofort, ob das vorstehende Pilzexemplar etwa ein Ritterling oder ein Täubling, ein Porling oder Schneckling, Schirmling oder Saftling, Röhrling oder Rübling, Ellerling oder Milchling, ein Schmerling oder eine Morchelart ist. Anfangs sieht das natürlich recht kompliziert aus, der Liebhaber findet sich jedoch alsbald zurecht.

Wer Pilze sammelt, sollte durch Merkblätter und durch Unterhaltung mit gewiegten Pilzkennern seine Kenntnisse erweitern und vertiefen, so daß jegliche Verwechslung ausgeschlossen ist. Recht ähnlich sehen sich zum Beispiel der Steinpilz und der Bitterling; seine Unterseite spielt mehr ins Rosa, während sie beim Steinpilz grünlich ist. Der Knollenblätterpilz, unser gefährlichster Giftpilz, ist an seinem blaßgrünlichem Hut und an seiner auffallenden Knolle am Fuß eigentlich leicht zu erkennen. Wenn man ihn mit Wiesenchampignons, Grünlingen oder grünen Täublingen verwechselt, dann ist das schon ausgesprochener Leichtsinn!
Giftig sind der Knollenblätterpilz, der Satanspilz, der Fliegenpilz (roh genossen); auch der Pantherpilz, der Birkenreizker und der Speitäubling. Am gefährlichsten ist der Knollenblätterpilz; Vergiftungen durch ihn führen meist zum Tod.
Ungenießbar ist der Gallenpilz oder Bitterling, der dem Steinpilz sehr ähnlich sieht.
Das beste Schutzmittel gegen Vergiftungen ist eine genaue Kenntnis der einzelnen Pilzarten, denn alle anderen »Hilfsmittel«, wie Verfärbung eines in die Pilze gelegten silbernen Löffels oder einer Zwiebel, ferner Geschmack, Geruch oder Blauwerden auf Druck sind sämtlich unzuverlässig. So gibt es zum Beispiel sehr gute Pilze, wie den Maronenröhrling, die Ziegenlippe usw., die sich blau oder grün verfärben, wenn man sie bricht oder drückt, ohne daß sie deshalb etwa giftig wären. Umgekehrt können auch giftige Pilze angenehm riechen und silberne Löffel keineswegs verfärben. Im Zweifelsfalle sollte man seine gesammelten Pilze einem Pilzkenner vorlegen, z. B. bei der Pilzberatungsstelle. Während der Pilzzeit wird fast immer in den Regionalzeitungen auf diese Beratungsstellen hingewiesen, die auch unter fachkundiger Leitung »Pilzwanderungen« durchführen.

Äußerst wichtig ist es, nur junge, frische Pilze zu sammeln, die nicht zu naß oder gar schon schimmelig sind. Auch stark angefressene Schwämme läßt man besser im Wald stehen; sie sind zudem die Grundlage für eine neue Pilzbrut im nächsten Jahr.
Daß man Pilze nicht herausreißen, sondern nur vorsichtig abschneiden oder abdrehen soll, damit das Pilzgeflecht und die jungen Fruchtkörperanlagen nicht zerstört werden, wurde schon oft von Pilzfreunden gepredigt. Und es wäre zu wünschen, daß im Interesse weiterer Pilzernten auch danach verfahren wird.
Pilze sollen nur in offenen Körben, niemals aber in Schachteln, Plastikbeuteln oder im Rucksack heimgebracht werden, weil sie dadurch von der Luft

abgeschlossen sind und schnell verderben; außerdem zerbrechen sie und werden unansehnlich. Wenn man die Pilze, weil man sie vielleicht erst abends nach Hause gebracht hat, nicht mehr kocht, so muß man sie auf jeden Fall noch putzen und dann kühl und breit auseinandergelagert bis zum nächsten Morgen liegen lassen. Dann aber müssen sie möglichst rasch verbraucht und aufgegessen werden! An schwülen Sommertagen ist es überhaupt nicht ratsam, Pilzgerichte aufzubewahren, um sie vielleicht erst am nächsten Tag nochmals aufzuwärmen. Der Kühlschrank rettet sie für einige Stunden, aber nicht für Tage!

Beim Kochen werden häufig Fehler gemacht. So gibt es sehr viele Leute, die alle Pilze einfach abkochen. Das ist bei Pfifferlingen und ähnlichen festfleischigen Pilzen völlig falsch, denn sie werden dadurch immer zäher und schwerer verdaulich. Pfifferlinge werden entweder nur kurz gebrüht und abgetropft und dadurch entbittert, oder man dämpft sie gleich mit etwas Zwiebel und Fett an. Andere harte Pilze, wie etwa der Schafporling, das sogenannte Kalbfleisch, gibt man am besten durch die Maschine und bereitet sie als Kroketten zu. Sie sind dann, mit Haferflocken oder Semmelbröseln vermischt, ein wirklich guter Fleischersatz. Zarte Pilze, wie Steinpilze, Maronenröhrlinge, Ziegenlippen usw. werden nach dem Waschen kleingeschnitten und mit ganz wenig Fett im eigenen Saft kurz geschmort. Sie entwickeln selbst genügend Brühe und brauchen daher nicht aufgegossen zu werden. Langes Kochen, Schmoren, Braten ist also völlig unzweckmäßig.

Die im Folgenden bei den Pilznamen angemerkten »Güteklassen« bezeichnen den Genuß- und Gebrauchswert des Pilzes für die Küche. Am Schluß dieses Kapitels sind Kochanweisungen gegeben.

Birkenpilz (Röhrenpilz)

Leccinum scabrum
Birkenröhrling, Graukappe,
Kapuziner
Güteklasse 1

Kennzeichen
Der zuerst halbkugelige, später flache, schmierige Hut ist 6–20 cm
breit, die Farbe braun in verschiedenen Abstufungen. Der schlanke, bis
18 cm lange Stiel zeigt bräunliche bis
schwärzliche Schuppen auf weißem
Grund. Das junge Fleisch ist weiß,
fest und kernig, später läuft es rötlich
an und wird schwammig.

Geruch
Schwach.

Geschmack
Angenehm.

Standort
Unter Birken, Mischwälder.

Verwendung
Zu allen Speisen; wird beim Kochen
schleimig. Fleisch wird dunkel. Un-
geeignet zum Trocknen. Alt wenig
zu empfehlen.

Schwärzlicher Bovist (Stäubling)

Bovista nigrescens
Güteklasse 3

Kennzeichen
Er ist fast regelmäßig kugelförmig
mit einem Durchmesser von 3–6 cm.
Jung ist seine Oberfläche hautartig
und weiß, in der Reife papierartig
glänzend und purpurbraun mit
dunkler Basis. Das in der Jugend
weiße Fleisch wird später purpurbraun bis schwärzlich und staubtrocken.

Standort
Auf Weiden und Wegen, unter
Birken.

Verwendung
Nur ganz jung und weiß. Das Koch-
wasser muß weggeschüttet werden.
Gebraten und zu allen Speisen. Das
Fleisch bleibt hell. Nicht zum
Trocknen geeignet.

Riesenbovist (Stäubling)

Lycoperdon giganteum

Kennzeichen
Er ist dem Schwärzlichen Bovist
sehr ähnlich, aber bedeutend größer; er kann einen Durchmesser bis
zu 30 cm erreichen. Seine leicht
filzige Haut ist derb, das Fleisch
etwas mehr grün-weiß.

Verwendung
Wie »Schwärzlicher Bovist«; Haut
vorher abschälen.

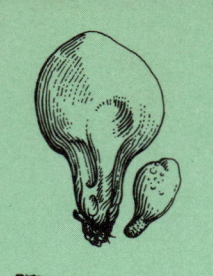

Birnenbovist (Stäubling)

Lycoperdon pyriforme

Kennzeichen
Der birnenförmige Pilz ähnelt dem

Schwärzlichen Bovist, doch ist er gelbbraun und hat eine rauhe Haut.

Verwendung
Wie »Schwärzlicher Bovist«.

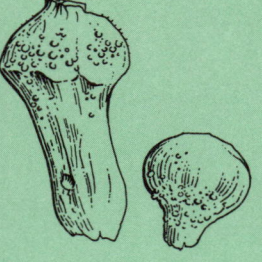

Flaschenbovist (Stäubling)

Lycoperdon gemmatum

Kennzeichen
Der 3–5 cm breite und 4–7 cm hohe Pilz ist dicht bedeckt mit losen, groben Stacheln, die später abfallen

und ein netzartiges Muster hinterlassen. Das junge Fleisch ist weiß und wird später grüngelb bis lehmbraun.

Verwendung
Wie »Schwärzlicher Bovist«.

Hasenbovist (Stäubling)

Lycoperdon caelatum

Kennzeichen
Er ist etwas größer als der Schwärzliche Bovist, anfangs weißgrau und

rissig-schuppig, später zimtbraun, oben aufgerissen und becherförmig.

Verwendung
Wie »Schwärzlicher Bovist«.

Brätling (Blätterpilz)

Lactarius volemus
Birkenmilchling, Goldbrätling, Milchreizker
Güteklasse 1

Kennzeichen
Der 7–11 cm breite Hut ist am Rand eingerollt und in der Mitte eingedrückt. Die trockene, rissige Haut ist kräftig orangebraun. Die hellgelben Lamellen sind oft von eingetrockneten Milchtropfen braungefleckt. Der Stiel ist gefärbt wie der Hut, doch meist etwas blasser und nach unten dunkler werdend. Das feste weißgelbliche Fleisch hat einen milden Geschmack.

Geruch
Angenehm, später scharf.

Geschmack
Nußartig mild.

Standort
Mischwälder, Waldränder.

Verwendung
Am besten auf der Herdplatte oder in Folie gebraten oder mit Koteletts. Fleisch wird bräunlich, darf nur ganz kurz erhitzt werden, nicht gekocht, sonst wird es zäh.

Butterpilz (Röhrenpilz)

Suillus luteus
Butterröhrling
Güteklasse 1

Kennzeichen
Der mit einer dicken Schleimschicht
überzogene 5–10 cm breite Hut ist
erst halbkugelig und schokoladenbraun, dann ausgebreitet und etwas
heller. Die anfangs buttergelben
Röhren werden später olivgelb. Der
Stiel ist mit feinen braunen Pünkt-
chen besetzt und trägt, an ihm ankle-
bend, einen erst hellbraunen, später
violetten Hautring.

Das weiße Fleisch ist sehr weich und
im Alter schwammig.

Geruch
Angenehm.

Geschmack
Schwachsauer, mild.

Standort
Kiefernwälder, Mischwälder.

Verwendung
Zu allen Speisen, besonders ge-
braten.
Das Fleisch bleibt hell.

Wiesen-
Champignon (Blätterpilz)

Agaricus campester
Feld-Champignons, Feldegerling
Güteklasse 1

Kennzeichen
Der weiße, 4–8 cm breite Hut ist
erst halbkugelig, später abgeflacht
und manchmal mit feinen bräunlichen Schuppen bedeckt. Die zuerst
rosaroten Lamellen dunkeln nach
und sind zuletzt fast schwarz. Der
kurze, dicke Stiel trägt einen schmalen, oft abfallenden Ring.

Geruch
Angenehm würzig und deutlich
nach Anis. Der echte Feldegerling
oder Feldchampignon unterscheidet

sich von dem ihm sehr ähnlichen,
aber giftigen Gift-Egerling mit
seinem tinten- oder karbolartigen
Geruch durch eben seinen
angenehm nussigen Duft. Der
Gift-Egerling wächst gern unter
Bäumen und in Hausnähe.

Geschmack
Nußartig, zart.

Standort
Waldränder, Weiden, Wiesen, oft
rudelweise.

Verwendung
Zu allen Gerichten, auch roh als
Brotbelag. Das Fleisch bleibt weiß.
Spezialrezept S. 177.

Oben: Pilzgemüse ▷
Rezept auf Seite 178
Unten: Pfifferlingskuchen
Rezept auf Seite 181

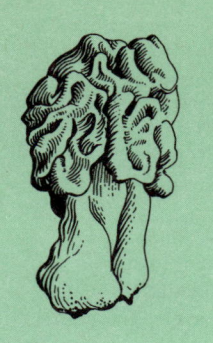

Frühlings-Lorchel

Gyromitra esculenta
Speise-Lorchel, Stoch-Morchel

Achtung! Der Pilz wird häufig noch als eßbar bezeichnet mit dem Hinweis, ihn gründlich abzukochen und das Kochwasser wegzuschütten. Davon ist dringend abzuraten. Vor allem kurz aufeinanderfolgender Genuß kann zu Vergiftungserscheinungen führen.

Kennzeichen
Der gehirnartige, gefaltet-gewundene Hut ist 3–8 cm breit und dunkelbraun. Der dicke Stiel ist weißlichblaß und unregelmäßig hohl.

Geruch
Würzig.

Standort
Kiefernwälder.

Grünling (Blätterpilz)

Tricholoma flavovirens
Echter oder Grüner- oder Mai-Ritterling, Sandreizker, Gelbreizker
Güteklasse 1

Kennzeichen
Der schwachgebuckelte, schwefelgelbe und am Buckel meist bräunliche Hut ist 5–10 cm breit; beim jungen Pilz ist sein Rand eingebogen. Die gelben Lamellen sind am Stiel tief ausgebuchtet. Der blaßgelbe Stiel steckt oft tief im Sand. Das Fleisch ist fast weiß.

Geruch
Schwach.

Geschmack
Mehlartig zart.

Standort
In Nadel- und Kiefernwäldern, besonders in Norddeutschland, sonst Mischwald.

Verwendung
Für Gerichte aller Art. Fleisch bleibt weiß.

161

Habichtspilz (Stachelpilz)

Sarcodon imbricatum
Hirschzunge, Rehpilz
Güteklasse 3

Kennzeichen
Die Oberfläche des 5–15 cm breiten
Hutes ist ganz mit groben, braunen
Schuppen bedeckt; beim jungen Pilz
ist der Hut am Rande eingerollt,
beim älteren in der Mitte vertieft.
Die 1 cm langen Stacheln sind anfangs weißlich, später graubraun und
brechen leicht ab. Junges Fleisch ist
weißlich, älteres graubraun.

Geruch
Leicht würzig.

Geschmack
Würzig, im Alter bitter.

Standort
Nadelwälder.

Verwendung
Nur junge Pilze sind verwendbar.
Als Mischpilz zu anderen Sorten.
Kräftiger, eigenartiger Geschmack.

Hallimasch (Blätterpilz)

Armillariella mellea
Honigblätterpilz, Unechter Stock-
schwamm
Güteklasse 2

Kennzeichen
Der bräunliche, manchmal auch ho-
niggelbe Hut ist 3–10 cm breit und
anfangs mit dunklen, büschelig-haa-
rigen Schuppen bedeckt. Die anfangs weißlichen Lamellen sind später rötlich-gelblich. Der oft geboge-
ne, gelbliche bis braune Stiel trägt im
oberen Stielteil einen hautartigen
Ring. Das blasse Fleisch ist faserig
und zäh. Da der Hallimasch nicht
von jedermann vertragen wird,
sollte er auf persönliche Bekömm-
lichkeit getestet werden.

Geruch
Würzig

Geschmack
Zuerst mild, später streng, herb.

Standort
Rudelweise auf Baumstümpfen
oder an Laubbäumen.

Verwendung
Die Hüte, wenn sie nicht gefroren
sind, zu allen Gerichten. Nicht zum
Trocknen geeignet. Stiele unbrauch-
bar.

Netzstieliger Hexenröhrling (Röhrenpilz)

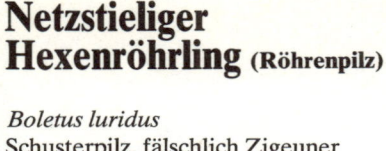

Boletus luridus
Schusterpilz, fälschlich Zigeuner
Güteklasse 1

Kennzeichen
Der 5–20 cm breite Hut wechselt zwischen helleren und dunkleren Brauntönen; anfangs ist er halbkugelig, später flach. Beim jungen Pilz zeigen die Röhren an ihrer Mündungsfläche ein kräftiges Rot, später verblaßt es; die Mündungsfläche verfärbt sich bei Druck blau. Der kräftige Stiel ist gelb mit einer auffallend klaren, netzartigen, rotbräunlichen Zeichnung. Das Fleisch ist gelblich und verfärbt sich beim Anschneiden blau. Empfindliche Personen reagieren auf den Genuß manchmal mit Darmerkrankungen.

Geruch	Geschmack
Mild.	Sehr gut.

Standort
Lehmiger und sandiger Wald, besonders unter Eichen. Ähnlich dem Satanspilz, der aber eine helle Kappe hat, und dem Dickfußröhrling, der an der Unterseite des Kopfes schwefelgelb ist.

Verwendung
Einzeln und als Mischpilz zu allen Pilzgerichten. Das Fleisch wird dunkel.

Kahler Krempling

(Blätterpilz)

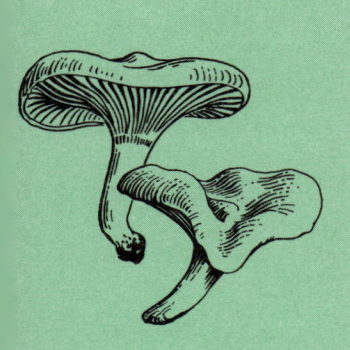

Paxillus involutus
Kuhschwappe

Achtung! Der Pilz wird häufig noch als eßbar bezeichnet mit dem Hinweis, ihn längere Zeit zu kochen. Letzte Forschungen haben ergeben, daß eine gelegentliche Kremplingsmahlzeit unschädlich ist, daß aber der über Jahre fortgesetzte Genuß des Pilzes zu sehr ernsten Erkrankungen, ja sogar zum Tode führen kann.

Kennzeichen
Der etwas gefurchte, in der Mitte etwas vertiefte Hut ist 5–12 cm breit; er ist ockerbraun und feinfilzig; am Rand bleibt er lange eingerollt. Die anfangs gelblichen, später dunkel lehmbraunen Lamellen reagieren auf Druck mit einer bräunlichen Verfärbung. Der kurze, oft schiefe bräunliche Stiel ist vollfleischig. Das Fleisch ist weich und saftig, es riecht und schmeckt angenehm.

Standort
Mischwälder, Waldränder, Rasen, moorige Stellen.

163

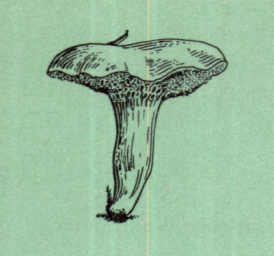

Kuhpilz (Röhrenpilz)

Suillus bovinus
Güteklasse 2

Kennzeichen
Der 4–8 cm breite, wellig-flattrige
Hut ist lehmbraun mit einem Stich
ins Fleischfarbene und schmierig.
Die olivgrünen Röhren haben sehr
feine Mündungen. Der hellbräun-
liche Stiel ist glatt und fest. Das
Fleisch ist gelblich.

Geruch
Zart, gut.

Geschmack
Angenehm.

Standort
Grasige Waldflächen.

Verwendung
Zu allen Gerichten. Nicht zum
Trocknen geeignet. Fleisch bleibt
hell.

Mairitterling (Blätterpilz)

Calocybe gambosa
Maischwamm, Georgiritterling,
Hufritterling, Maiblattl
Güteklasse 1

Kennzeichen
Der oft unregelmäßig geformte,
weißliche bis gelbliche Hut ist
5–15 cm breit; anfangs ist er gewölbt
und sein Rand eingerollt, später
ausgebreitet. Die Lamellen sind
weißlich. Der weiße bis gelbliche
Stiel ist kräftig und festfleischig. Das
Fleisch ist weiß und zart.

Geruch
Mehlartig, stark.

Geschmack
Angenehm, spezifisch aromatisch.

Standort
Laubwälder, Waldränder, beson-
ders auf kalkreichen Böden, oft im
Halbkreis.

Verwendung
Zu allen Gerichten. Fleisch bleibt
hell.

Maronenröhrling
(Röhrenpilz)

Xerocomus badius
Güteklasse 1

Kennzeichen
Der 6–20 cm breite braune Hut ist
anfangs halbkugelig, später flacher,
gelegentlich sogar in der Mitte etwas
vertieft. Die Röhren wechseln von
ihrem anfänglichen Gelb allmählich
zu Grün hin; auf Druck reagieren sie
mit einer blauen Verfärbung. Der
weißliche Stiel zeigt nie eine Netz-

zeichnung. Das kernige Fleisch verfärbt sich leicht blau.

Geruch *Geschmack*
Angenehm Sehr gut

Standort
Nadel-, Laub- und Mischwälder.

Verwendung
Für alle Zwecke; besonders gut
schmecken junge Köpfe gebraten.
Fleisch wird dunkel. Gut zum Einfrieren.

164

Speisemorchel

Morchella esculenta
Rundmorchel, Spritzmorchel
Güteklasse 1

Kennzeichen
Der 6–12 cm hohe, gelblich-leder-
farbene, manchmal auch graue Hut
ist in Größe und Gestalt sehr verän-
derlich; seine Oberfläche ist netzar-
tig aufgeteilt in große offene Kam-
mern, die Ähnlichkeit mit einer Bie-
nenwabe haben. Der weiße Stiel hat
eine kleiige Oberfläche und ist innen
hohl. Das weiße Fleisch ist wachsar-
tig und brüchig.

Geruch
Zart.

Geschmack
Sehr fein.

Standort
Laubwälder, Grasige Waldränder,
Gebüsch.

Verwendung
Zu allen Speisen, leichter verdau-
lich als die Lorchelarten, sehr guter
Speisepilz. Wegen der vielen
»Schlupfwinkel« am Hut besonders
gründlich reinigen.

Musseron (Blätterpilz)

Marasmius alliaceus
Knoblauchpilz, Lauchschwindling
Güteklasse 1

Kennzeichen
Der anfangs braune, bald aber blaß
lehmfarbene Hut ist 1–4 cm breit,
erst halbkugelig, später gewölbt ausgebreitet. Die Lamellen sind weißlich. Der schwarze, oben braune,
filzige Stiel ist auffallend lang und
fein. Das Fleisch ist zäh, doch sehr
würzig.

Geruch
Besonders zerrieben, nach Knoblauch.

Geschmack
Würzig.

Standort
Waldränder, grasige Lichtungen.

Verwendung
Besonders als Würze in Fleischsoßen, als Zwiebelersatz, zu Kartoffelspeisen, Suppen usw. Fleisch wird
braun.

Perlwulstling (Blätterpilz)

Amanita rubescens
Perlschwamm, Rötlicher Wulstling
Güteklasse 1

Kennzeichen
Der erst halbkugelige, später flach
gewölbte Hut ist 6–12 cm breit; er
ist von einem oft sehr blassen Röt-
lichbraun und mit vielen weißen
Warzen bedeckt, die dem Pilz seinen
Namen gaben. Die anfangs weißen
Lamellen werden später rötlich. Der
kräftige Stiel mit seiner großen wei-
ßen Manschette ist in der Farbe dem
Hut ähnlich, doch stets blasser. Das
Fleisch ist weiß und reagiert auf
Verletzungen mit einer rötlichen
Verfärbung.

Geruch
Gut.

Geschmack
Wie Champignon; kratzender
Nachgeschmack.

Standort
Mischwald, Gebüsch.

Verwendung
Zu allen Speisen. Besonders gut zu
braten, zu dünsten und zu trocknen.
Das Fleisch bleibt hell bis rosa.

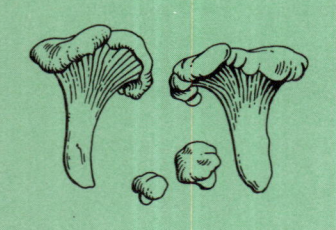

Pfifferling

Cantharellus cibarius
Eierschwamm, Rehling, Gelbling,
Rehgeiß, Reh- oder Gelbfüßchen,
Dotterpilz
Güteklasse 1

Kennzeichen
Der dottergelbe Hut ist 3–8 cm
breit, anfangs gewölbt, später trichterförmig. Der Pfifferling hat keine
Blätterpilz-Lamellen, sondern lei-
stenartige Vorsprünge an der Hut-
unterseite, die weit am Stiel herab-
laufen. Der Stiel ist wie der ganze
Pilz dottergelb. Das Fleisch ist gelb-
lichweiß.

Geruch
Würzig bis scharf.

Geschmack
Würzig, später pfefferartig und
herb.

Standort
Mischwälder, oft herdenweise.

Verwendung
Zu allen Gerichten, am besten für
sich allein. Gut zu sterilisieren; weniger gut zum Trocknen und zum
Einfrieren. Spezialrezepte S. 177,
181.

Echter Reizker

(Blätterpilz)

Lactarius deliciosus
Edelreizker, Rot- oder Blutreizker,
Fichtenreizker, Wacholder-Milch-
ling
Güteklasse 2

Kennzeichen
Der 4–10 cm breite Hut ist gewölbt-
niedergedrückt und am Rand eingebogen; er zeigt orange und ziegelro-
te Farbzonen und verfärbt sich im
Alter grünspanig. Die Lamellen sind
ebenfalls erst ziegelrot und später
grünspanig, ähnlich auch der Stiel.
Die Milch ist orange, das Fleisch
blaß ziegelrot und brüchig.

Geruch
Aromatisch.

Geschmack
Würzig bis bitter, sehr pikant.

Standort
Waldränder, grasige Wege, nasse
Wiesen, Moore, Fichtenjungwald.

Verwechslungsmöglichkeit mit dem
giftigen Birkenreizker.

Verwendung
Als Würzpilz zu allen Gerichten,
besonders gut unter Kartoffeln,
Reis, Teigwaren. Am besten gebraten.

Rotbrauner Reizker

(Blätterpilz)

Lactarius rufus
Braun-Reizker, Rotbrauner
Milchling, Ostpreußenpilz
Güteklasse 2

Kennzeichen
Der 4–8 cm breite Hut ist einheit-
lich rotbraun; zuerst ist er gewölbt,
dann um die Hutmitte niedergedrückt mit einem kleinen spitzen
Buckel im Mittelpunkt dieser Ver-
tiefung. Die Lamellen sind blaß röt-
lich-gelb. Der lange hohle Stiel ist
gefärbt wie der Hut, doch blasser.
Das Fleisch sondert einen weißen,
sehr scharfen Milchsaft ab. In Osteuropa (Ostpreußenpilz) wurde er,
auf besondere Weise zubereitet,
sehr häufig verwendet.

Geruch
Scharf.

Geschmack
Nach dem Auswässern würzig,
angenehm.

Standort
Kiefernwälder, oft in Mengen.

Verwendung
Geschnitten, über Nacht gewässert,
dann gekocht. Das Wasser weggie-
ßen. Unter Kartoffel, Teigwaren
oder als Würzpilz in Essig eingelegt.

Ritterlinge (Blätterpilz)

Gattung *Tricholoma*
Güteklasse 2

Die Gattung der Ritterlinge ist sehr groß. Es gibt blaue, gelbe, rötliche, weiße, graue, zweifarbige, lila, echte und erdfarbene Ritterlinge, die alle in ihrer Bauart gleich, lediglich in Farbe und Größe verschieden sind.

Bis auf den giftigen Tigerrittling *(Tricholoma pardinum)* sind sie alle eßbar. Sie haben durchweg einen gebuckelten Hut, darunter locker stehende Blätter, schlanke, meist dem Hut gleichfarbige Stiele und einen angenehmen Duft und Geschmack. Sie lieben grasigen Waldboden. Der Pilz ist als guter Speisepilz zu allen Gerichten zu verwenden.

Rotkappe (Röhrenpilz)

Leccinum testaceo-scabrum
Rothäuptl, Rothaut-Röhrling
Güteklasse 1

Kennzeichen
Der halbkugelige, später nur noch gewölbte Hut ist 5–20 cm breit; an seinem Rand steht die Huthaut als häutiger Saum über; die Farbe ist anfangs ziegelrotorange und verblaßt später bis zu einem hellen Gelblichbraun. Die anfangs hell rauchfarbenen Röhren sind später schmutzig-gelb. Der lange dicke Stiel ist weißgrundig und dicht mit schwarzen Schuppen bedeckt. Das feste Fleisch ist blaß und am Grunde des Stiels etwas bläulich.

Geruch   *Geschmack*
Schwach   Mild, nußartig.

Standort
Mischwälder, Waldränder, besonders unter Birken und zwischen Heidekraut.

Verwendung
Zu allen Speisen, Fleisch wird dunkel. Geeignet zum Trocknen, nicht zum Einmachen. Vorzüglich zur Herstellung von Pilzwürze.

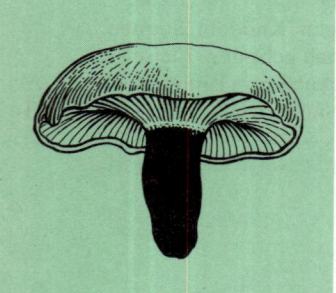

Samtfußkrempling

(Blätterpilz)

Paxillus atrotomentosus
Güteklasse 3

Kennzeichen
Der 5–20 cm breite Hut ist gewölbt-ausgebreitet, am Rand eingerollt und oft etwas lappig und schief; die Farbe ist gelblich-nußbraun bis kastanienbraun. Die Lamellen sind okkergelb. Der schwarz-braune, kurze und oft bis zu 5 cm dicke Stiel ist mit einem samtigen Filz bekleidet, dem der Pilz seinen Namen verdankt. Das Fleisch ist ungewöhnlich wasserhaltig; schon beim einfachen Zusammendrücken läuft reichlich Flüssigkeit heraus.

Geruch   *Geschmack*
Säuerlich.   Säuerlich.

Standort
Baumstümpfe, Nadelwälder.

Verwendung
Nur nach Abkochung und mit anderen Pilzen gemischt.

Sandröhrling

(Röhrenpilz)

Suillus variegatus
Schöner Röhrling, Sand-Röhrling
Güteklasse 2–3

Kennzeichen
Der bis zu 12 cm breite Hut ist
gelbbräunlich und bei Feuchtigkeit
schmierig. Die olivgrünen Röhren
sind über 1 cm lang und haben sehr
feine Mündungen. Der hellbräun-
liche Stiel ist glatt und fest. Das
gelbliche Fleisch verfärbt sich kaum
merklich; allein schon an seinem
charakteristischen, säuerlichen Geruch kann man den Pilz erkennen.

Geruch
Säuerlich und typisch.

Geschmack
Angenehm.

Standort
Sandige und moorige Kiefernwälder.

Verwendung
Jung und als Mischpilz zu allen
Speisen.

Schafporling (Stachelpilz)

Abbatrellus ovinus
Schafeuter, Kalbfleisch
Güteklasse 3

Kennzeichen
Der 6–12 cm breite Hut ist erst
buckelig und sahneweiß, dann ausgebreitet und bräunlich, oft mit einem olivgrünen Schimmer; der
Rand ist kreisförmig oder lappig.
Die weiße Porenschicht verfärbt sich
im Alter oder bei Druck zitronen-
gelb. Der kurze, dicke, krumme Stiel
hat die Farbe des Hutes. Das dicke,
aber brüchige Fleisch ist weißlich.

Geruch
Nach Mandeln.

Geschmack
Gut.

Standort
Nadelwälder im Gebirge.

Verwendung
Zu Bratlingen, Knödeln, Suppen,
Auflauf, auch gebraten. Fleisch
wird gelb. Auch zum Einlegen wie
»Steinpilze in Essig« S. 182.

169

Schirmpilz (Blätterpilz)

Macrolepiota procera
Parasolpilz, Schirmling
Güteklasse 1

Kennzeichen
Der Name bezieht sich auf den Hut, der nicht selten eine Breite von 30 cm erreicht; am Anfang ist er eirund, dann verflacht er sich zu dem großen »Schirm«, und am Rand löst sich die Haut in grobe Schuppen auf, zwischen denen das helle Hutfleisch sichtbar wird. Die breiten weißen Blätter sind mit dem Stiel nicht verbunden. Der lange schlanke Stiel ist unten keulenförmig erweitert; teilweise ist er mit feinen braunen Schuppen bedeckt, ihn umgibt ein auffallender, doppelter Ring, der ein wichtiges Erkennungszeichen des Pilzes darstellt. Wenn man den Ring vorsichtig anfaßt, läßt er sich am Stiel verschieben.

Geruch
Zart, würzig.

Geschmack
Roh wie Nußkerne, vorzüglich.

Standort
Wald- und Wiesenränder, Gras.

Verwendung
Ohne Stiele ein hochwertiger Speisepilz. Auch für Pilzextrakt und zum Würzen. Fleisch bleibt hell.

Rauchblättriger Schwefelkopf (Blätterpilz)

Hypholoma capnoides
Güteklasse 2

Kennzeichen
Der 2–6 cm breite, flache Hut ist gewölbt-gebuckelt; unmittelbar nach dem Aufschirmen hängen am Hut noch Schleierreste; er ist schwefel-ockergelb mit einer blaß braungelben Mitte und etwas klebrig. Die schmalen, gedrängt stehenden Lamellen sind anfangs schwefelgelb, dann olivgrün und zuletzt schokoladenbraun. Beim jungen Pilz ist der schlanke Stiel glatt und zeigt noch schwache Schleierreste. Das Fleisch ist blaßgelb.

Geruch
Mild, leicht rauchig.

Geschmack
Mild, angenehm. Beim Kauen manchmal etwas herb, aber nie bitter.

Standort
Baumstümpfe, Wurzeln.

Verwendung
Einzeln oder unter anderen Pilzen.

Steinpilz (Röhrenpilz)

Boletus edulis
Herrenpilz
Güteklasse 1

Kennzeichen
Der kugelige, polsterförmige Hut ist 6–20 cm breit; anfangs ist er hell, später braun und runzelig. Die zuerst weißen Röhren werden später immer gelblicher und sind beim alten Pilz olivgrün. Der derbe, keulige Stiel ist graubräunlich; erst bei näherem Zusehen erkennt man auf ihm ein zartes, hellbraunes Netz. Das Fleisch ist unveränderlich weiß und fest.

Geruch
Aromatisch.

Geschmack
Nußartig, mild.

Standort
Mischwald, Waldränder, Jungholz.

Verwendung
Bester Speisepilz zu allen Gerichten. Gut zum Trocknen, Sterilisieren und Einfrieren. Das Fleisch bleibt weiß. Auch roh eßbar. Spezialrezept S. 182.

Stockschwämmchen

(Blätterpilz)

Kuehneromyces mutabilis
Stock-Schüppling
Güteklasse 2

Kennzeichen
Der 3–6 cm breite Hut ist deutlich gebuckelt; feucht ist er zimtfarbig, trocken etwas blasser. Die Lamellen sind anfangs blaß, später ebenfalls zimtfarbig. Am Stiel trägt der Pilz einen deutlichen, ziemlich dauerhaften Ring, unterhalb davon ist der Stiel sparrig-schuppig. Das Fleisch des Hutes ist blaß, das des Stiels bräunlich.

Geruch
Unauffällig

Geschmack
Angenehm.

Standort
Baumstümpfe, Wurzeln, oft massenweise.

Verwendung
Die Hüte geben in Suppen, Soßen, Hackfleischgerichten usw. eine gute Würze, auch gedämpft gut. Die Stiele sind wertlos.

171

Semmel-Stoppelpilz

(Stachelpilz)

Hydnum repandum
Semmelstopperl, Gelber Stachling,
Semmelstachling
Güteklasse 2

Kennzeichen
Der semmelgelbe Hut wird 5–20 cm
breit; er ist niedrig gewölbt und
lappig. Die gelben, spitzigen Stacheln sind ungleich lang und brechen
leicht. Der blasse Stiel ist dick und
meist sehr kurz. Das weißliche
Fleisch ist dicklich und brüchig.

Geruch
Leicht streng.

Geschmack
Jung etwas scharf, im Alter bitter.

Standort
Laub- und Nadelwälder.

Verwendung
Jung wie Pfifferlinge.

Täublinge (Blätterpilz)

Gattung *Russula*

Täublinge gibt es etwa 1 Dutzend,
die alle außer in der Farbe in Bau,
Größe und Standort einander ähnlich sind. Lediglich der Geschmack
ist verschieden.

Der rote **Spei-Täubling** *(Russula
emetica)* ist giftig.

Der **Stink-Täubling** *(Russula foe-
tens),* mit gelblich bis braunen, im
Alter schwärzlichen Hut und dünn-
fleischigem Rand mit tiefen, welli-
gen und löcherigen Furchen ist ungenießbar.

Der **Blut-Täubling** *Russula
sanguinea)* mit scharf brennendem
Geschmack ist nach Abkochung
vielleicht genießbar, aber nicht
empfehlenswert.

Genießbare Täublinge

Güteklasse 3

Kennzeichen
Grüne, grüngelbe, olivgrüne, gelbe, braune, rosarote, graugestielte oder wieselfarbige Pilze mit glatter, mattglänzender Haut, die bis nahe zur Mitte leicht abziehbar ist. Zuerst kugelig, dann flach, später außen hochgewölbt, am Rand fransig; Unterseite weitstehende, schneeweiße Blätter, zerbrechlich; Fleisch fest, derb, rein-weiß, gerne madig. Stiel meist weiß oder wie die Haut getönt, derb, im Alter hohl, nach unten dicker.

Geruch
Würzig.

Geschmack
Oft pfefferartig-scharf.

Standort
Meist rudelweise in lichten Wäldern, an Waldrändern.

Verwendung
Nach dem Brühen zu Suppe und unter andere Pilze gemischt. Fleisch bleibt hell.

Schopf-Tintling

(Blätterpilz)

Coprinus comatus
Tintenschopfling, Großer Tintenpilz
Güteklasse 2

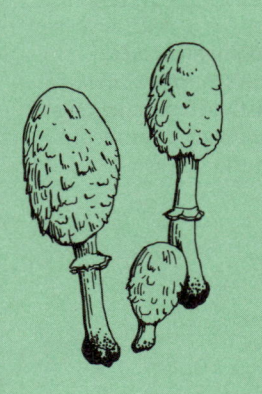

Kennzeichen
Der bis zu 12 cm hohe und dabei nur bis zu 6 cm breite Hut hat die Form einer Walze mit elliptischem Umriß; er ist weiß mit bräunlichen Tönen in der Mitte; seine Oberfläche ist schuppig-faserig. Die ungewöhnlich dicht stehenden Lamellen sind anfangs weiß, doch rasch werden sie schwarz und verfließen samt dem Hut zu einer tintenartigen Flüssigkeit, von der der Pilz seinen Namen hat. Der Stiel ist größtenteils von dem geschlossenen Hut umhüllt; innen ist er hohl. Das Fleisch ist erst weiß, dann rötend und zuletzt schwärzend.

Geruch
Mild.

Geschmack
Nußartig.

Verwendung
Wie Wiesenchampignons zu allen Speisen. Das Fleisch bleibt weiß.

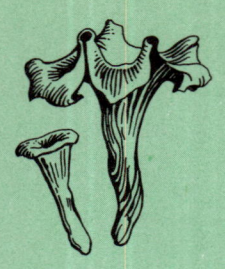
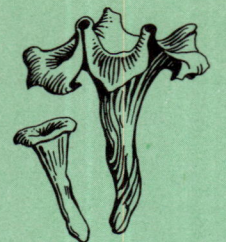

Totentrompete

Craterellus cornucopioides
Herbsttrompete
Güteklasse 1

Kennzeichen
Der Pilz wird 5–12 cm hoch; der
Trichterkörper ist nicht in Frucht
und Stiel gegliedert; er ist oben
trompetenförmig weit und verjüngt
sich nach unten zu einer engen
Röhre. Die zuerst glatte, später falti-
ge Außenseite ist grau, die Innensei-
te bei Trockenheit graubraun und
bei Nässe fast schwarz. Form und
Farbe gaben dem Pilz den Namen.

Geruch
Gut.

Geschmack
Sehr gut.

Standort
Oft massenhaft in Buchenwäldern,
feuchten Gebüschen, auch Nadel-
wäldern.

Verwendung
Zu allen Speisen; gut geeignet zum
Trocknen. Fleisch dunkel. Auch
zum Einmachen in Essig und zur
Bereitung von Pilzextrakt empfeh-
lenswert.

Nebelgrauer Trichterling (Blätterpilz)

Clitocybe nebularis
Graue Nebelkappe, Nebelkopf,
Graukopf, Herbstblatt
Güteklasse 2-3

Achtung! Der Nebelgraue Trichter-
ling ist ein Speisepilz; da er sehr
fleischig ist und in Massen gefunden
werden kann, ist er sehr beliebt.
Inzwischen hat sich herausgestellt,
daß er nicht von jedermann vertragen wird. Bei der ersten Verwendung sollte die individuelle Be-
kömmlichkeit mit einer kleinen
Menge erprobt werden.

Kennzeichen
Der 6–12 cm breite Hut ist im Gegensatz zur typischen Trichterlings-
form nie trichterförmig genabelt; er
ist zuerst halbkugelig, später ausgebreitet und am Rand eingerollt; die
Farbe ist grau in verschiedenen
Abstufungen. Die anfangs weißlichen, später ockergelblichen Lamellen lassen sich leicht vom Hutfleisch
lösen. Der dicke, kräftige Stiel ist
weiß bis grau. Das Fleisch im Hut ist
dickfleischig und weiß; es verfärbt
sich nicht.

Geruch
Süßlich, stark, meist unangenehm.

Geschmack
Mild, dann säuerlich.

Standort
Herbstliche Laubwälder, Gebüsch,
oft massenweise.

Verwendung
Nach Abkochung besser verdaulich,
zu allen Gerichten, einzeln und
gemischt.

Ziegenbart

Ramaria flava
Hahnenkamm, Bärentatze,
Schwefelgelbe Koralle
Güteklasse 2–3

Kennzeichen
Der dicht verzweigte Pilz wird
7–15 cm hoch. Die Zweigspitzen
sind schwefelgelb und spielen ins
Rötliche hinüber. Der kurze Stiel ist
anfangs schwefel- bis eigelb und
wird später ledergelb. Das Fleisch ist
knusprig.

Geruch
Würzig, etwas moosig.

Geschmack
Zart, gut.

Standort
Grasiger Wald, Fichtenwald.

Verwendung
Gebraten und zu allen Gerichten;
nicht zum Trocknen geeignet.
Fleisch wird grau-blaß, oft zäh. Gut
als Würzpilze.

Ziegenlippe (Röhrenpilz)

Xerocomus suptomentosus
Filziger Röhrling
Güteklasse 1

Kennzeichen
Der 4–10 cm breite Hut ist flach
gewölbt, fein filzig und im Alter
etwas rissig; er ist oliv-lederbraun
und hat manchmal einen goldenen
Schimmer. Die Huthaut läßt sich
nicht abziehen. Die recht groben,
chromgelben Röhren dagegen lassen sich leicht vom Hut lösen. Der
kurze Stiel ist oben gelb mit einem
Netz, unten matt und dunkler. Das
Fleisch ist weich, weißgelb und
schwach blauend.

Geruch
Obstartig mild.

Geschmack
Würzig.

Standort
Mischwald, Gebüsche, meist Spätherbst.

Verwendung
Jung zu allen Speisen. Nicht zum
Trocknen geeignet. Fleisch wird
dunkel. Ältere Pilze oft schimmelig
und dann gesundheitsschädlich.

---

*Da Pilzsammler sehr häufig ein ausgesprochenes Pilzdurcheinander nach
Hause bringen und es daher nicht zu einem Spezialrezept reicht, ist es
zweckmäßig, sich an Mischrezepte zu halten, in denen so ziemlich alles
untergebracht werden kann, was im Körbchen liegt.
In den folgenden Grundrezepten finden Sie jeweils spezielle Hinweise auf
Auswahl und Zubereitung.*

Pilzrezepte

Bei den Pilzen unterscheidet man zart- und derbfleischige sowie weiß- und dunkelfleischige Sorten. Man soll sie nach Möglichkeit nicht durcheinander verwenden, da sie verschiedene Kochzeiten erfordern und die dunklen Pilze auch die schönen, hellen Pilze verfärben. Deshalb wurde bei jeder Pilzart das Verhalten des Pilzfleisches beim Kochen angegeben.

Die festen werden vorgekocht und etwas länger geschmort, bei den zart-weichen genügen wenige Minuten Garzeit. Es ist also zweckmäßig, die Pilze in Stücke zu schneiden oder die festen roh durch die Maschine zu drehen; dann kann man sie mit den anderen zusammen für Suppen, Bratlinge, für Füllungen usw. verwenden.

Die folgenden Rezepte geben klar Auskunft darüber.

Klare Pilzsuppe

Etwa 250 g beliebige Pilze
1 l Fleischbrühe

Die, nach Belieben mit etwas gehackter Zwiebel, feingehackten Pilze werden weich gedämpft und in eine gut abgeschmeckte Fleischbrühe gegeben. Man streut Petersilie darüber und kann noch 1/2 Gläschen Weißwein dazugeben.

Pilzcreme-Suppe

250–300 g beliebige Pilze
1/2 Zwiebel, 1 EL Butter
1 EL Mehl, Salz, Pfeffer
etwas Essig oder Zitrone
oder Weißwein
1 Prise Kümmel
1–2 EL Rahm, Kräuter

Die Pilze und die Zwiebel hackt man fein und schmort sie in etwas Fett an. Dann stäubt man Mehl darüber, rührt gut durch, gießt auf und kocht die Pilze noch einmal einige Minuten durch. Anstelle von Mehl kann man auch etwas Grieß oder feingeriebene Kartoffeln an das Fett geben. Die Suppe wird leicht mit Essig und Zitronensaft oder Weißwein gesäuert, mit feingewiegtem Kümmel und gehackten Kräutern, etwas Rahm, Salz und Pfeffer würzig abgeschmeckt.

Pilzsuppe mit Nudeln oder Reis

1 Teller Pilze, 1 Tasse Reis
oder Teigwaren (Reste)
oder 2–3 Eier
Fleischbrühe, Petersilie
oder Kerbel

Die feingehackten Pilze werden in einer guten Fleischbrühe kurz durchgekocht. Man gibt gekochten Reis oder Nudeln, beliebige Fleisch- oder Pilzklößchen oder verklopfte Eier hinein und streut Petersilie oder Schnittlauch oder Kerbel darauf.

Pilzbrühe

1 Teller beliebige Pilze
1 l Fleischbrühe
1/2 Glas Madeira oder
Sherry

Die Pilze werden kleingehackt und mit Kräutern in der Fleischbrühe sehr gut durchgekocht. Man siebt sie ab und gibt eine andere beliebige Einlage hinein oder läßt sie klar. Dann schmeckt sie sehr gut, wenn man ein halbes Glas Madeira oder Sherry darangibt.

176

Wiesenchampignon-Suppe

1 Teller Champignon
1 EL Butter, 1 EL Mehl
2–3 EL Rahm, 1 Eidotter
Fleischbrühe, Kräuter
$^1/_2$ Glas Weißwein

Zuerst schwitzt man das Mehl in der Butter an, gießt mit etwas Wasser und Fleischbrühe auf und fügt den Rahm und die in dünnen Scheiben geschnittenen Champignons dazu. Die Suppe wird einige Minuten gekocht, dann mit Eidotter legiert und mit beliebigen Kräutchen, etwas Sauerampfer oder Kerbel oder etwas Brunnenkresse abgeschmeckt.

Zwiebel-Pfifferlings-Suppe

1 große Zwiebel, 1 Teller
Pfifferlinge, 1 Stückchen
Speck, 1 EL Fett, 1 EL
Mehl, etwas Kümmel
oder Kräuter, 2–3 EL
Rahm, 2–3 Eidotter

Zwiebel, Pfifferlinge und Speck werden fein gehackt und angeschmort. Man streut etwas Mehl darüber, gießt auf und schmeckt die Suppe mit Rahm und Eidotter ab und würzt entweder mit Kümmel oder Brunnenkresse, mit Kerbel oder Petersilie. Die Suppe wird noch leicht mit wenig Essig und Zitronensaft gesäuert und mit einer Spur Zucker ausgeglichen.

Hallimasch-Suppe

1 Teller Hallimasch
$^1/_2$ Zwiebel, 1 EL Fett
1 EL Mehl, Fleischbrühe
etwas Kümmel, Essig
2–3 EL Rahm oder
Weißwein
beliebige Einlage

Die sauber geputzten Pilze werden mit der Zwiebel fein gehackt und mit der Butter angeschmort. Man stäubt das Mehl darüber und läßt es ein wenig bräunen und gießt dann die Suppe auf. Sie wird mit Kümmel und etwas Essig, nach Belieben mit ein wenig Rahm oder Weißwein abgeschmeckt und mit einer beliebigen Einlage aus Reis oder Teigwaren, kleinen Kartoffelklößchen oder Eierstich bereichert.

Pilz-Wildsuppe

1 EL Mehl, 1 EL Fett
1 Tasse Wildbratensoße
einige Wildreste
1 Teller beliebige Pilze
$^1/_2$ Tasse Rahm, $^1/_2$ Tasse
Rotwein, Salz, Pfeffer
$^1/_2$ Zwiebel, Kräuter

Zuerst bereitet man aus gehackter Zwiebel, Fett und Mehl eine braune Schwitze, gießt sie mit Fleischbrühe auf und gibt die in etwas Fett geschmorten, kleingehackten Pilze, die Bratensoße, die kleingeschnittenen Fleischreste, Wein und Rahm, Salz und Pfeffer und beliebige gehackte Kräuter hinzu. Die Suppe wird mit wenig Zucker mild süß-sauer abgeschmeckt.

Schmorpilze

Zarte Pilze, Zwiebel
Butter, Petersilie, Zitrone
Salz, Pfeffer

Die Pilze werden aufgeblättert oder gewürfelt und mit etwas gehackter Zwiebel in Butter angeschmort. Nach 2–3 Minuten gibt man Salz, Pfeffer, Petersilie und etwas Zitronensaft daran. Man kann sie mit etwas Rahm oder einer kleinen Butterschwitze verlängern oder Butterbrösel darüber gießen.

Farbbild auf Seite 159

Pilzgemüse

750 g geputzte Steinpilze
100 g durchwachsener
Speck
1 Zwiebel, 1 EL Butter
Salz, weißer Pfeffer
1 TL gerebbelter Kerbel
1 EL gehackte Petersilie

Die geputzten Steinpilze werden in Scheiben geschnitten. Den gewürfelten Speck und die gehackte Zwiebel dünstet man in der Butter an. Die Pilze werden beigefügt und unter Rühren etwa 6 Minuten gebraten. Man würzt mit Salz, Pfeffer und Kerbel, rührt gut um und läßt das Ganze nochmals 5 Minuten braten. Zum Servieren bestreut man das Pilzgemüse mit Petersilie.

Gefüllte Pilzköpfe

Große, zarte Pilze
1–2 Eier, etliche Brösel
Kräuter, Salz, Pfeffer
Petersilie, ¹/₂ Zwiebel
Butter

Von den Pilzen schneidet man die Köpfe ab, die madenfrei sein müssen. Die Stiele werden kleingehackt und mit gehackter Zwiebel in Butter mit Kräutern zart weichgeschmort. Man gibt etliche Brösel und Eier, Petersilie, Salz und Pfeffer darunter und türmt diese Masse auf die inzwischen beiderseits gebratenen Pilzköpfe. Sie werden nach Belieben mit Käse überstreut und dann in der Röhre überbacken.

Ausgebackene Pilzköpfe

Feste, madenfreie Pilz-
köpfe oder kleine Pilze
Mehl, Ei, Brösel oder
Ausbackteig
Butter oder Backfett

Die Pilzköpfe, die natürlich madenfrei sein müssen oder auch große Würfel oder der Länge nach durchgeschnittene tadellose Stiele von zarten, leicht gesalzenen Pilzen werden in Mehl, Ei und Bröseln oder in einen Ausbackteig getaucht und in Fett ausgebacken. Man kann die Pilze ebenso in geschlagenem Ei wenden und dann in Butter backen. Man gibt sie mit Zitronenspalten und Petersilienbüschel zu Tisch.

Pilzkoteletten

Große, feste Steinpilze
Maronenröhrlinge oder
dergleichen, Mehl, Ei
Brösel, Käse, Backfett

Die Pilze werden der Länge nach in möglichst große, dicke Stücke geschnitten. Man wendet sie in Mehl, Ei und Bröseln sowie geriebenem Käse und bäckt sie in der Pfanne doppelseitig goldgelb.

Panierte Pilze am Spieß

Kleine, feste Steinpilz-
köpfe oder dergleichen
Ei, Brösel, Backfett
Spieße

Die Pilzköpfe werden kurz in Essigwasser einmal aufgekocht, gut abgetropft, in Mehl, Ei und Bröseln gewendet, in Backfett durchgebacken und auf Spieße gesteckt. Man kann dazwischen geschmorte Leberstückchen, halbierte Würstchen, gebackenen, gerollten Speck oder dergleichen stecken. Die Spieße werden heiß serviert.

Pilze in der Folie

Steinpilze, Maronenröhr-
linge und Butterpilze
oder andere zarte Pilze
2 EL Butter oder Öl
Salz, etwas Pfeffer
Kräutchen, Folie

Die gereinigten und dick aufgeblätterten oder grob gewürfelten Pilze werden mit wenig Salz und gehackten Kräutchen bestreut. Dann gibt man sie mit Butterflöckchen oder Öl in Alufolie, verschließt die Päckchen gut und brät die Pilze in der Röhre oder auf dem Grillrost oder in glühender Asche 10–20 Minuten gar. Man bringt sie in der Folie auf den Teller.

Pilze mit Rührei

Pfifferlinge, Schafporling
Maiblattl oder Milchbröt-
ling, etwas Zwiebel
2–4 Eier, Butter
Petersilie, Salz, Paprika
oder Kümmelpulver

Die geputzten Pilze werden gebrüht, abgetropft und klein gehackt. Man schmort sie mit gehackter Zwiebel in Butter an und gibt die zerschlagenen, gesalzenen Eier, Petersilie und die Gewürze daran. Wenn die Eier fest zu werden beginnen, serviert man die Pilze, die man noch mit Parmesan bestreuen kann. Man kann auch eine Tasse gekochten Reis mit etwas kleingewürfeltem Butterkäse unter die Pilze geben.

Pilzfülle

Farbbild auf Seite 33

Beliebige Pilze, ¹/₂ Zwiebel
Kräuter, Salz, Pfeffer
einige Brösel oder
1 Semmel, 1–2 Eier
Zitrone

Die geputzten Pilze werden gehackt und mit der gehackten Zwiebel kurz durchgeschmort. Man fügt reichlich Kräutchen, Salz, Pfeffer, Zitronensaft, die Eier und Brösel dazu, hält aber die Masse nicht zu streng. Man kann sowohl etwas Geflügelleber, wie Bratwurst oder Hackfleischmasse, Fleischreste, Tomatenmark oder geriebenen Käse, Kapern oder gehackte Essiggurke daruntergeben, um den Geschmack jeweils etwas zu verändern.

Für Pfannkuchen, Pastetchen, Ravioli, Maultaschen, Blätterteigrollen, Tomaten, Zwiebeln, Auberginen, Gurken, Paprikaschoten, aber auch für Geflügel und dergleichen mehr.

Pilznudeln

250 g Teigwaren
1 Teller Wiesenchampi-
gnons, Steinpilze, Maro-
nenröhrlinge oder sonstige
zarte Pilze
etwas Zwiebel, Butter
etwas Knoblauch, Salz,
Pfeffer, Kräuter, Zitro-
nenschale

Die Teigwaren werden gekocht und abgetropft, nicht gespült. Man gibt die inzwischen in Butter mit gehackter Zwiebel angeschmorten Pilze einer zarten Sorte, ein wenig zerdrückten Knoblauch, Salz, Pfeffer, Kräuter und geriebene, (ungespritzte) Zitronenschale dazu. Die Nudeln werden sofort mit beliebigen Salaten serviert.

Pilzauflauf mit Spaghetti

*200–250 g Spaghetti
oder andere Teigwaren
1 Teller geputzte Pilze
$^1/_2$ Zwiebel, etwas Butter
Petersilie, Salz, 2–4 Eier
Speck, 2 Tomaten oder
Paprikaschote, etwas Käse*

Die Teigwaren werden weich gekocht und abgetropft. Die Pilze werden klein geschnitten und in Butter mit etwas gehackter Zwiebel und Petersilie angedämpft. Man rührt nun ein Stückchen Butter mit den Eidottern, gibt die Teigwaren, die Pilze und den gewürfelten Speck und zuletzt den steifen Eischnee darunter. Die Masse wird in eine gefettete Auflaufform gefüllt, mit Tomatenscheiben oder Paprika belegt und nach Belieben mit etwas geriebenem Käse überstreut. Man bäckt den Auflauf in der Röhre goldgelb.

Pilzwickel

*Große Weißkraut-,
Spinat- oder
Sauerampfer-Blätter
1 Teller Mischpilze
Brösel, 1–2 Eier
$^1/_2$ Zwiebel, Salz, Pfeffer
Kräutchen*

Die Blätter werden je nach Größe und Zartheit kürzer oder länger gebrüht und auf einem Brett ausgebreitet. Man gibt die Pilze durch die Maschine, schmort sie in gehackter Zwiebel an, gibt Brösel, Ei, Salz, Pfeffer, Kräutchen und nach Belieben etwas geriebene Zitronenschale hinzu und türmt je 1 Eßlöffel davon auf ein Blatt, das zusammengewickelt wird. Diese Wickel legt man nebeneinander in eine Auflaufform, gießt etwas Fett darüber und bäckt sie in der Röhre goldbraun.

Pilzbratlinge

*Pilze, 1–2 Eier, Brösel
oder 1–2 Semmeln
etwas Speck oder
Schinken oder Käse
oder Hackfleisch
oder Reis oder rohe
Kartoffeln, Kräutchen
Salz, Pfeffer, Zwiebel
(Knoblauch), Backfett*

Die geschmorten oder gebrühten Pilze, gleich welcher Art, werden durchgedreht und mit den Bröseln oder den vorgeweichten Semmeln, dem Fleisch oder Speck oder dem geriebenen Käse oder mit Reis oder den roh geriebenen Kartoffeln gemischt. Man würzt die Masse mit gehackter (geschmorter) Zwiebel, mit Knoblauch, Kräutchen, Salz und Pfeffer, formt Bratlinge und bäckt sie in der Pfanne fertig. Wenn man die roh geriebenen Kartoffeln samt Saft verwendet, kann man die Bratlinge wie Kartoffelpuffer ausbraten.

Pilz-Hackbraten

*250 g Hackfleisch
250–300 g beliebige Pilze
$^1/_2$ Zwiebel, Petersilie, Salz
Pfeffer, 1–2 Eier, Brösel
nach Belieben Käse, Fett*

Die durchgedrehten Pilze, das Hackfleisch, die Brösel, Eier, Salz, Pfeffer und nach Belieben etwas Käse, reichlich Petersilie und angeschmorte Zwiebel werden gut vermengt. Man füllt die nicht zu feste Masse in eine gefettete Kastenform und bäckt den Hackbraten etwa $^3/_4$ Stunden bei guter Hitze. Er schmeckt auch kalt aufgeschnitten gut.

Pilzpudding

Die gleiche Masse wie zu Hackbraten, aber mit 3–4 Eiern, davon Eidotter und Eischnee getrennt, füllt man in eine gefettete Puddingform und kocht sie eine Stunde im Wasserbad. Der Pudding wird gestürzt und mit einer beliebigen Soße zu Tisch gebracht.

Pilzsalat

Beliebige Pilze, Essig
Öl oder Mayonnaise
oder Remoulade, Salz
Pfeffer und Kräuter

Die Pilze werden nicht zu feinblättrig aufgeschnitten und je nach ihrer Art entweder in Salzwasser einmal aufgekocht und abgetropft oder in Butter oder Öl angeschmort. Man tropft sie ab und gibt nun Essig und Öl oder Mayonnaise oder Remoulade, Salz, Pfeffer und beliebige Gewürzkräutchen daran. Der Salat soll eine Weile durchziehen können. Man kann ihn mit Tomaten oder Gurken oder anderem Gemüse garnieren.

Farbbild auf Seite 159

Pfifferlingskuchen

1 P Tiefkühl-Blätterteig
750 g geputzte Pfifferlinge
1 Zwiebel, 1 EL Butter
¹/₂ TL Salz
1 Prise Thymian
2 EL gehackte Petersilie
100 g gekochter Schinken
in dünnen Scheiben
¹/₁₀ l Sahne, 3 Eigelb
Salz, weißer Pfeffer,
Muskat
100 g Emmentaler in
Scheiben

Während der Blätterteig auftaut, putzt man die Pfifferlinge; große Pilze schneidet man klein. Die Zwiebel hackt man und läßt sie in der Butter glasig werden. Man fügt die Pilze bei, salzt sie und dünstet sie etwa 10 Minuten, bis alle Flüssigkeit verdampft ist. Man läßt sie etwas abkühlen und rührt dann den Thymian und reichlich 1 EL Petersilie darunter. Inzwischen wird eine Springform von 28 cm Ø mit dem Blätterteig ausgelegt und dabei ein Rand von etwa 2 cm Höhe hochgezogen. Man sticht den Teig mit einer Gabel mehrmals ein und bäckt ihn im vorgeheizten Ofen bei 220° C 10 Minuten vor. Dann belegt man den Boden gleichmäßig mit den Schinkenscheiben und verteilt darüber die Pilze. Die Sahne wird mit den Eigelb verquirlt, kräftig mit Salz, Pfeffer und Muskat abgeschmeckt und über die Pilze gegossen. Zuoberst bedeckt man den Kuchen mit den Käsescheiben und bäckt ihn bei 200° C in 20–25 Minuten fertig. Zum Servieren streut man die restliche Petersilie darüber.

Pilzextrakt

Beliebige, auch zähe Pilze, ebenso die Stiele guter Sorten – aber keine alten, nassen oder madigen Exemplare – werden gut gereinigt, möglichst von der Haut befreit und gehackt. Man salzt sie stark ein und schmort sie, bis Saft entsteht, der jeweils abgegossen wird; dann gießt man etwas Wasser nach, kocht durch, tropft nochmals gut ab und sterilisiert den Extrakt in kleinen Fläschchen 30 Minuten bei 98° C in kochendem Wasser oder gefriert ihn in kleinsten Gefäßen ein. Der Extrakt ist eine ausgezeichnete Würze für Suppen, Soßen, Ragouts, Eintöpfe und dergleichen.

Steinpilze in Essig

Feste, kleine Steinpilze
(oder Maronenröhrlinge)
Essigwasser, Salz
Pfefferkörner, Senfkörner
oder Hederichsamen
1 Lorbeerblatt
1 Schalotte oder Zwiebel
1 Büschel Estragon
1 Prise Zucker

Die festen, möglichst gleichmäßig kleinen Steinpilze oder andere, maden-freie und feste Pilzköpfe oder Jungpilze werden sauber geputzt und einige Minuten in leichtem Essig-Salzwasser gekocht. Man nimmt sie heraus, verstärkt die Brühe mit Essig und Salz und fügt die genannten Gewürze hinzu. Diese kochende Brühe gießt man über die Pilze und läßt sie über Nacht stehen. Anderntags wird die Brühe erneut eingekocht und wieder über die Pilze gegossen. So verfährt man noch einigemale. Die Soße soll ziemlich kräftig schmecken und wird notfalls verstärkt. Die Pilze müssen von der Brühe völlig bedeckt sein. Sie halten sich einige Monate lang, wenn man sie kühl stellt.

Pilze sterilisieren

Zum Einkochen eignen sich nur beste und zarte Pilze, wie Steinpilze, Wiesenchampignons, Maronenröhrlinge, Ziegenlippe, Pfifferlinge usw. Sie werden sauber geputzt. Zarte Sorten läßt man im eigenen Saft etwas schmo-ren; feste (Pfifferlinge) brüht man kurz vor. Schafporling und Semmelpilze brüht und hackt man und konserviert sie als Pilzmasse für Bratlinge usw. Man gibt die Pilze in Gläser oder Dosen und sterilisiert sie 90 Minuten bei 98° C bzw. kochendem Wasser.

Pilze einfrieren

Festfleischige Pilze, wie Pfifferlinge, sind weniger zum Einfrosten geeignet; sie werden zäh und trocken. Zarte Sorten dagegen, wie Steinpilze, Maro-nenröhrlinge, Butterpilze und dergleichen bleiben zart und waldfrisch. Man putzt und schneidet sie, schmort sie mit ganz wenig Wasser (1–2 Eßlöffel) 2–3 Minuten im eigenen Saft kurz durch und gibt sie nach dem Auskühlen in Plastiksäckchen. Sie halten sich tiefgefroren 6–8 Monate tadellos frisch.

Pilze trocknen

Weit besser als getrocknete sind sterilisierte Pilze. Wenn man aber eine große Ernte nicht unterbringen kann, empfiehlt es sich, sie zu trocknen. Dazu eignen sich nur weiche, aromatische Pilze bester Sorten, wie Steinpil-ze, Maronenröhrlinge, Ziegenlippen, Wiesenchampignons und Rotkappen; weniger gut sind Pfifferlinge und ähnliche derbe Arten. Nur gute, maden-freie, junge und zarte Pilze werden gereinigt, aufgeblättert und ausgebreitet im Trockenapparat oder in Schatten und Wind oder an Bindfaden aufgezo-gen und dann frei hängend getrocknet. Man bewahrt sie am besten luftig in Gazesäckchen auf und muß darauf achten, daß keine Fliegen daran kommen.

Dank an Mutter Natur

Ein paar besinnliche Worte zum Schluß

Wenn Mutter Natur uns so viel schenkt, wie das im vorliegenden Buch geschildert ist, so muß es für uns Selbstverständlichkeit und Herzenssache sein, sie nicht zu mißbrauchen und sie vor Schaden zu bewahren. Die vielen Waldbrände, die abscheulichen Schuttablage- und Picknickplätze, die gedankenlose oder gewinnsüchtige Ausrottung wertvoller Pflanzen beweisen, wie notwendig das ist.

Um Brände zu verhüten, ist das Rauchen bei Waldspaziergängen grundsätzlich zu unterlassen; auch darf man nie an Stellen, die mit trockenen Kräutern oder herbstlichem Gras bewachsen sind oder im dichten Wald Feuer machen. Feuer glimmt, selbst, wenn man glaubt, es ausgelöscht zu haben, am Boden weiter; ein Windhauch treibt einen Funken fort und schon entwickelt sich ein neuer Glutherd, der zum Brand werden kann. Beim Verlassen einer vorsichtig gewählten Feuerstelle gibt man Erde darauf und achtet, daß die Glut restlos erloschen und bedeckt ist und daß kein noch so kleines Rauchwölkchen mehr aufsteigt. Wasser sichert den Glutrest am besten. Wenn man im Wald irgendwo Rauch sieht oder gar ein Feuer feststellen kann, ohne Menschen dabei zu finden, muß man das sofort melden, damit größerer Schaden vermieden wird.

Verunreinigungen durch Wegwerfen von Papier, Eier- und Obstschalen, Plastik, Konservendosen und Ähnlichem sind der Beweis übler Unkultur. Wer den Wald liebt und Genuß an der Natur haben will, der soll sich und andere vor solch häßlichem Anblick bewahren. Wenn man Essensabfälle, Papier usw. nicht wieder mit nach Hause nehmen will, so sucht man sich irgendwo ein Plätzchen dafür und deckt es dann sorgfältig mit Erde oder Steinen zu oder noch besser, man sammelt alles in einem Plastisack, um es der nächsten Abfalltonne zu überlassen. Keinesfalls aber läßt man an Aussichtspunkten, auf Berggipfeln oder sonst an schönen Stellen zerschlagene Flaschen und dergleichen zurück; das ist ein schlechter Dank für die Freude, die die Natur uns gespendet hat.

Hierher gehört auch, daß Wiesen und Felder nicht zertreten werden dürfen. Sie sind privates Eigentum und ihr Ertrag ist für uns alle wichtig und muß geachtet werden. Man pflückt daher auch nicht Blumen mitten in der Wiese, holt sich nicht Mohn mitten aus dem Getreide heraus, legt sich zum Sonnen nicht ausgerechnet in eine fette Weide oder kürzt einen Weg mitten durch blühenden Flachs ab. Das ist ebenso gedankenlos wie unrecht. Jeder Halm dient als Nahrung für Mensch und Tier; was manche Leute in ihrer Gedankenlosigkeit sich gerade darin leisten, ist unglaublich. Jeder Bauer könnte davon erzählen.

Bäume und Sträucher, einerlei ob kultiviert oder wild im Wald oder am Wege wachsend, dürfen nicht durch gedankenloses Abreißen von Blütenzweigen und Beeren beschädigt werden. Abgerissene Äste und geknickte Zweige erzählen oft von solcher Barbarei. Man sollte es insbesondere schon Kindern einprägen, keinen Waldfrevel zu betreiben, damit das uns noch erhaltene Landschaftsbild nicht noch weiter verunstaltet wird. Zweckmäßig nimmt man sich immer eine starke Schere oder Gartenzange mit.

Auch sollte man mit Maßen sammeln und nicht alles pflücken, was überhaupt erreichbar ist. Wer die Natur liebt, kennt nicht nur die geschützten Pflanzen, sondern unterrichtet sich auch über die gefährdeten, deren Zahl ständig zunimmt. Letzen Endes soll das Sammeln von Wildfrüchten nicht zum Ausrauben der Natur entarten.

Für Pilzsammler ist es sehr ärgerlich, wenn sie durch den Wald gehen und finden viele Pilze achtlos umgestoßen vor. Meist war der zertretene oder zerbrochene Pilz eßbar; der Vorgänger hat das nur nicht erkannt und hätte ihn deshalb besser stehen gelassen. Man soll sich angewöhnen, nur die Pilze zu nehmen, die man genau kennt; die anderen soll man aber unberührt stehen lassen. Vielleicht kommt ein anderer, der größere Pilzkenntnisse besitzt und der dann Freude hat, auch noch etwas zu finden. Lassen wir also diese Rücksichtslosigkeit: Pilze, die uns wertlos erscheinen, lassen wir an ihrem Platz.

Die beschauliche Stille da draußen stören wir nicht durch Lärm. Ein hübsches Lied oder fröhliches Kinderlachen sind nicht damit gemeint. Aber sinnloses Grölen und Schreien, die Verwendung von Transistorgeräten und anderen lärmenden Instrumenten passen so gar nicht in die stille Natur. Außerdem nehmen sie den anderen Menschen das Bewußtsein, wenigstens im Wald einmal allein und ungestört zu sein.

Diese Zeilen gehören zwar streng genommen nicht in ein Buch, das von den reichen Gaben erzählt, die uns die Natur schenkt; sie sollen aber immerhin ein Dankeswort und eine Mahnung sein, daß wir nicht nur nehmen, sondern auch Verständnis und Freude an allem haben, was uns Wald und Flur bieten.

Pflanzen-Verzeichnis

Rezept-Verzeichnis